Margit Seitz-Dahlke wurde in Linz/Österreich geboren. Nach Abschluß des Gymnasiums studierte sie in Wien Germanistik und Geschichte. Seit Jahren beschäftigt sie sich mit Meditation und Astrologie. Margit Seitz-Dahlke lebt heute in München und arbeitet als freie Schriftstellerin.

Von Margit Seitz-Dahlke sind bisher als Knaur-Taschenbücher erschienen:

»Meditationen für den Stier« (Band 7716)
»Meditationen für den Zwilling« (Band 7715)
»Meditationen für den Krebs« (Band 7714)
»Meditationen für den Löwen« (Band 7713)
»Meditationen für die Jungfrau« (Band 7712)
»Meditationen für die Waage« (Band 7711)
»Meditationen für den Skorpion« (Band 7722)
»Meditationen für den Schützen« (Band 7723)
»Meditationen für den Steinbock« (Band 7724)
»Meditationen für den Wassermann« (Band 7725)
»Meditationen für den Fisch« (Band 7726)

Von der Autorin überarbeitete und stark erweiterte
Taschenbuchausgabe 1988
Droemersche Verlagsanstalt Th. Knaur Nachf., München
Lizenzausgabe mit freundlicher Genehmigung
des Schönbergers Verlag, München
Die Originalausgabe erschien als Sammelband unter dem Titel
»Der Meditationsführer« in Schönbergers Verlag, München
© 1984 Schönberger GmbH + Co Verlags KG, München
Umschlaggestaltung Adolf Bachmann, Reischach
Illustration für Umschlag und Innenteil Christine Wilhelm, München
Satz IBV Satz- und Datentechnik GmbH, Berlin
Druck und Bindung Ebner Ulm
Printed in Germany 5 4 3 2 1
ISBN 3-426-07727-2

Margit Seitz-Dahlke:
Meditationen für den Widder

Wie Sie Ihre persönliche Meditationsmethode
finden können

INHALT

VORWORT

»Wir haben erfahren, daß der Mensch seinen Intellekt bis zu erstaunlichen Leistungen kultivieren kann – ohne dadurch der eigenen Seele Herr zu werden.«

HERMANN HESSE

Der Weg unserer hochzivilisierten, hoch technisierten und intellektgläubigen westlichen Gesellschaft hat in eine totale Veräußerlichung der Werte und Lebensgefühle geführt. Durch zahlreiche technische Hilfsmittel ist es gelungen, unser alltägliches Leben komfortabler zu gestalten, und dennoch ist dieses mehr denn je von einem fast unerträglichen, krankmachenden Leistungsdruck bestimmt. All die Maschinen und wissenschaftlichen Errungenschaften konnten das Leid in unserer Welt nicht mindern und die Fragen nach dem Sinn unseres Lebens nicht beantworten. Die Unzufriedenheit mit dieser einseitigen Weltsicht hat in letzter Zeit viele Menschen dazu bewogen, sich nach einer alternativen Betrachtungsweise der Dinge umzusehen. Der Wunsch, wieder ein Gleichgewicht herzustellen zwischen innen und außen, wieder in Harmonie mit der Natur und nicht gegen sie zu leben, wurde und wird immer größer. Und wie schon so oft in der abendländischen Geschichte, richtet auch heute der westliche Mensch in seiner Ratlosigkeit den Blick nach Osten, um dort Antworten auf seine existentiellen Fragen zu finden.

Das Interesse an der spirituellen Tradition Asiens nimmt daher in letzter Zeit immer mehr zu. Dies äußert sich auch in der Wiederentdeckung der Meditation. Wir werden geradezu überschwemmt von einer Vielzahl an Meditationstechniken und -schulen, und es bereitet oft Schwierigkeiten, sich für eine bestimmte Meditationsart zu entscheiden.

Diese Buchreihe gibt ihren Lesern durch die Verbindung von Astrologie und Meditation eine Orientierungshilfe für das Auffinden einer geeigneten Meditationstechnik, indem es den zwölf Tierkreiszeichen verschiedene Arten der Meditation zuordnet. Die Kombination von Astrologie und Meditation erscheint uns logisch, da es in beiden Systemen letztendlich um den Weg des Menschen zu seiner Vervollkommnung geht.

Die Möglichkeiten einer Darstellung der oft recht komplizierten Wege der Meditation in einem Buch sind begrenzt. Es können daher hauptsächlich Anregungen gegeben werden, denn Meditation als Weg zu innerer Wandlung muß gelebt werden.

ASTROLOGIE
UND
MEDITATION

Wir haben uns angewöhnt, kausal zu denken, die Wirklichkeit in eine Folge von Ursachen und Wirkungen zu zergliedern. Auf diese Art haben wir die Welt, in der wir leben, in lauter Ebenen zerlegt, und reden von den Mineralien, den Tieren, den Pflanzen. Es ist wichtig, unsere Wirklichkeit in ihren vielfältigen Erscheinungsformen so zu ordnen, sonst würden wir den Überblick verlieren. Fixiert auf unsere übliche kausale Denkweise, fällt es uns zunächst schwer, zu akzeptieren, daß es auch noch andere Modelle gibt, um die Wirklichkeit abzubilden. Diese anderen Systeme sind gelegentlich schwer mit dem Intellekt oder mit der Vernunft zu erfassen.

Schon vor Jahrtausenden entstand in verschiedenen Kulturen ein Abbildungssystem, das fähig ist, das komplizierte Gefüge unserer Wirklichkeit zu symbolisieren. Überlieferte Dokumente belegen, daß dieses Symbol-System in Indien, im vorkolumbianischen Amerika, in China und im nahöstlichen Chaldäa angewandt wurde. Jeweils gemeinsam ist diesen Systemen, daß mit ihrer Hilfe Grundprinzipien erkannt werden können, die auf allen Ebenen unserer Wirklichkeit gültig sind. Gemeinsam ist ihnen auch die Beobachtungsebene weit entfernt von allem Irdischen im Kosmos: die Sterne und ihre Bewegungen.

Dieses Symbol-System ist die Astrologie. Sie ist Abbildungssystem für die Wirklichkeit. Aus dem Stand der Sterne, die sich in einem rhythmischen Lauf bewegen, sich nähern und sich voneinander entfernen, kann die Astrologie die Grundprinzipien der Wirklichkeit erkennen, die für alle und alles immerwährend Gültigkeit haben.

Die Astrologie ist also ein Meßsystem, mit dessen Hilfe die komplexe Struktur unserer Wirklichkeit symbolisch erkannt werden kann. Der Sternenhimmel mit seiner rhythmischen Ordnung verdeutlicht ebenso wie die subatomare Welt einen allumfassenden kosmischen Regelkreis, in dem die Polarität zur Einheit verschmilzt. Im Universum sind Tod und Leben, Aufstieg und Niedergang, Ab- und Wiederkehr verschlüsselt. Wer es versteht, diese Welt zu deuten, ist auf dem Weg, die Wirklichkeit zu verstehen.

Die Astrologie strukturiert die Welt, in der wir leben, nicht in Ursache-Wirkung-Kategorien, sondern sucht nach den Urprinzipien. Die Sterne haben sich nach den bisherigen Erfahrungen als besonders geeignete Beobachtungsebene für diese Urprinzipien erwiesen.

Sie stehen damit gleichsam als Symbol für eine in tieferen Schichten unseres Bewußtseins vorhandene Wirklichkeit.

Ein weiterer alternativer Denkansatz der Astrologie erklärt, warum sie zu einem Instrument zur Bestimmung der Persönlichkeits- und Charakterstruktur werden kann. Dazu müssen wir etwas weiter ausholen. Die Lehre von der Polarität besagt, daß zu jedem Pol zwingend ein Gegenpol existieren muß. Ohne Nacht gibt es keinen Tag. Wir könnten uns ›langsam‹ nicht vorstellen, wenn wir nicht wüßten, was ›schnell‹ ist. Ohne ›groß‹ kein ›klein‹. ›Gut‹ existiert nur, weil es ›böse‹ gibt.

Ein vergleichbares Pol-Paar sind ›Quantität‹ und ›Qualität‹. Wir sind daran gewöhnt, in bezug auf die Zeit Quantitäten zu messen, indem wir sie in Sekunden, Minuten, Stunden, Tage, Wochen, Monate und Jahre eingeteilt und als Meßindikator im übrigen die Bewegungen von Erde, Mond und Sonne verwendet haben. Zeit-Qualitäten zu beurteilen, fällt uns gewöhnlich schwer, denn die Inhalte der Zeit können wir mit den bekannten Meßinstrumenten nicht bewerten. Es muß aber nach den Polaritäts-Regeln auch eine Zeit-Qualität geben. Das Erfassen der Zeit-Qualität ist Aufgabe der Astrologie. Es ist die Basis der Arbeit mit Horoskopen.

Horoskopieren bedeutet im Wortsinn: in die Stunde schauen. Hinter dem Zeitablauf kann somit ein Inhalt entdeckt werden. Da alles, auch die Zeit, lediglich ein Teilstück des geordneten Ganzen ist, lassen sich Zeit-Qualitäten sozusagen hochrechnen. Selbst aus der kürzesten Zeitspanne ist deshalb alles zu ersehen. Dieses Phänomens bedient sich das Geburtshoroskop. Im Zeitpunkt der Geburt ist alles enthalten, und die Astrologie wählt die Beobachtungsebene der Sterne, um diesen Gehalt zu erkennen.

Vielen westlichen Menschen fällt es nicht leicht, dieses ungewohnte Denkmodell auf Anhieb zu erfassen. Wir wollen deshalb an einem vergleichbaren naturwissenschaftlichen Phänomen erklären, was damit gemeint ist. Die Gen-Forscher haben entdeckt, daß alle Informationen, die ein Individuum charakterisieren, bereits in den Chromosomen der Samenzelle und des Eis enthalten sind. Verschlüsselt in einer biochemischen Sprache sind dort das Geschlecht festgelegt, der Knochenbau, das Aussehen, Augen- und Haarfarbe, psychische Grundstrukturen. Diese Informationen manifestieren sich erst im Verlauf des Lebens, sind jedoch schon im Augenblick der Zeugung vorhanden und unabänderlich.

Ähnlich funktioniert das Geburtshoroskop. Im Moment des ersten Atemzuges, zu Beginn des Lebens, stehen die Sterne in einer ganz bestimmten und einmaligen Konstellation über dem Geburtsort. Das Horoskop ist eine Momentaufnahme aus dem unendlichen Rhythmus des Universums. In dieser Momentaufnahme stecken alle Informationen über Vergangenheit und Zukunft. Das Horoskop offenbart die Urprinzipien, nach denen die Persönlichkeit strukturiert ist, und gibt Hinweise auf jene Bereiche, die in das Bewußtsein integriert werden müssen. Ihnen selbst erschließen sich die Aussagen der Astrologie allerdings nur dann, wenn Sie sich damit beschäftigt haben oder die Interpretationshilfe eines erfahrenen Astrologen in Anspruch nehmen. Notwendig ist das aber nicht. Selbst wenn Sie die astrologischen Urprinzipien Ihrer Persönlichkeit nicht erkennen können, sind diese dennoch vorhanden und wirksam und helfen Ihnen dabei, die geeignete Meditation für Sie persönlich zu finden. Ausgangspunkt ist Ihr Geburtsdatum. Mit seiner Hilfe können Sie bestimmen, durch welches Sternbild die Sonne am Tage Ihrer Geburt gewandert ist.

Wenn Ihr Geburtstag in dieser Zeitspanne liegt	dann sind Sie
21. März bis 20. April	Widder
21. April bis 20. Mai	Stier
21. Mai bis 21. Juni	Zwillinge
22. Juni bis 22. Juli	Krebs
23. Juli bis 22. August	Löwe
23. August bis 22. September	Jungfrau
23. September bis 23. Oktober	Waage
24. Oktober bis 22. November	Skorpion
23. November bis 21. Dezember	Schütze
22. Dezember bis 20. Januar	Steinbock
21. Januar bis 19. Februar	Wassermann
20. Februar bis 20. März	Fische

Im folgenden Hauptteil des Buches finden Sie zu Beginn jeden Kapitels eine kurze Erklärung der Sternzeichensymbolik. Anschließend schlagen wir Ihnen verschiedene Meditationsarten vor, die den jeweiligen Tierkreiszeichen entsprechen. Wenn Sie sich für eine der praktischen Übungen entschieden haben, sollten Sie mindestens drei Wochen lang bei dieser einen Meditationstechnik bleiben.

Beachten Sie zuvor jedoch alle Hinweise in dem Kapitel ›Die Praxis der Meditation‹. Viele der dort genannten Übungen erleichtern Ihnen den Beginn der Meditation. Sollten Sie während der Meditation einen starken inneren Widerstand spüren oder zwischen den meditativen Übungen im Alltag plötzlich vor psychischen Problemen stehen, die Sie allein nicht mehr bewältigen können, empfiehlt es sich, die Meditationszeit zu verkürzen und einen erfahrenen Meditationslehrer um Rat zu fragen.

Der Stand der Sonne zu Ihrem Geburtszeitpunkt ist ein Symbol für Ihre Lebensmitte, für das Zentrum Ihres Wesens. In ihr konzentrieren sich alle elementaren Bestandteile des Seins in Form einer intensiven energetisch-vitalen Vereinigung. Die Sonne gilt auch als Repräsentant für das höhere Ich des Menschen. Schon deshalb ist sie ein guter Wegweiser zur richtigen Meditationsmethode.

In jeder Person sind alle Grundprinzipien präsent. Mit Hilfe der Meditation können Sie alle diese Urprinzipien in sich und überhaupt bewußter wahrnehmen, sofern Sie jeweils dann, wenn die Sonne in einem bestimmten Sternzeichen steht, die entsprechende meditative Übung vollführen. Das bedeutet, daß Sie – unabhängig von Ihrem Geburtszeichen – zwischen dem 21. März und dem 20. April (Widder-Zeit) eine der vorgeschlagenen Widder-Übungen praktizieren können. Verlassen Sie sich bei der Auswahl der jeweiligen Übung stets auf Ihr Gefühl.

Wenn Sie über Ihr persönliches Horoskop verfügen, ist es möglich, die geeignete Meditation auf andere Art und Weise zu bestimmen. Achten Sie dann auf Mond, Himmelsmitte (MC), Aszendent, Bündelungen von Planeten in den entsprechenden Zeichen oder auf Planetenherrscher in Ihrem eigenen Zeichen (etwa Merkur in den Zwillingen oder Venus in der Waage). Diese Konstellationen geben dem Tierkreiszeichen ein besonderes Gewicht und könnten Sie dazu veranlassen, eine entsprechende Meditationsübung zu wählen.

DIE
GRUNDLAGEN DER
MEDITATION

WAS IST MEDITATION?

Meditation heißt, im eigenen und damit überhaupt im Zentrum aller Dinge zu sein. Schon der Wortstamm Medi-tation verweist uns auf diese Mitte, die das Ziel aller meditativer Übung ist. Es gibt nur dieses eine Ziel, aber viele Wege und Techniken, um dorthin zu gelangen.

»Der Tropfen im Meer mag bisweilen schon wissen, daß er im Meer ist, aber selten wohl weiß er, daß das Meer auch in ihm ist«, sagt Ananda May, eine große indische Heilige. Sind wir in Meditation, in unserer Mitte, wird uns unsere Teilhabe am Meer bewußt. Wir erfahren uns nicht nur als Teil der göttlichen Schöpfung, wir erkennen das Göttliche in uns.

Auf einer anderen Ebene, der naturwissenschaftlich-intellektuellen, beschrieben, kommt es im Zustand der Meditation zu einer Umschaltung des Bewußtseins. Wer meditiert, verläßt die gewohnte Ebene des Wachbewußtseins und begibt sich in bisher unerreichte Bereiche seiner Persönlichkeit, was bedeutet: Das Bewußtsein wird während der Meditation gleichzeitig erweitert, vertieft und erhöht. Deshalb ist Meditation nicht nur ein anderer Bewußtseinszustand, sondern ein allumfassender. Die Meditation erreicht alle Ebenen unserer Persönlichkeit, auch diejenigen, die wir bisher noch nicht kannten oder nicht kennen wollten. Meditation kreiert nie etwas völlig Neues, Utopisches. Es handelt sich bei ihr auch nicht um »geistige Gymnastik« oder um eine Übung zur Entspannung. Meditation beinhaltet all dies – und geht weit darüber hinaus.

Kein Wunder, daß es für viele Menschen schwierig ist, sich mit der wahren Bedeutung der Meditation zu befassen. Intellekt, Vernunft und rationelle Überlegungen reichen nicht aus, um Meditation zu begreifen. Sie entzieht sich allen theoretischen Konzepten und analytischen Bemühungen. Wer Meditation erfahren will, muß sie praktizieren. Die Bereiche, mit denen man während der Meditation konfrontiert wird, überschreiten die Grenzen des rational Faßbaren. Zwangsläufig wird der Meditierende den scheinbar sicheren Boden seines materiellen Weltbildes verlassen und erkennen, daß es Dinge zwischen Himmel und Erde gibt, die er mit seinem Verstand nicht erfassen kann. Jeder Versuch einer Erklärung gerät bestenfalls zu einer Annäherung an den wahren Gehalt der Meditation. Hier einige Beispiele:

Der Physiker und Philosoph Carl Friedrich von Weizsäcker: »Es ist ein Stillwerden des bewußten Getriebes und es meldet sich, es zeigt sich etwas, was auch immer vorher da war. Überhaupt, man wird durch die Meditation kein anderer, sondern der, der man immer gewesen ist.«

Der Psychologe und Gestalttherapeut Hilarion Petzold: »Es ist eine Haltung der hingebungsvollen, steten Konzentration, der reinen Offenheit, der Loslösung von den Fesseln der Vergangenheit, […] der Befreiung zu neuen Gestaltungen des Bewußtseins und zugleich des Überschreitens aller Einzelgestaltungen.«

Der Sufi-Führer Pir Vilayat Khan: »Das Ziel ist, Gott zu einer Realität zu machen und nicht die Suche nach der Befreiung von den existentiellen Bedingungen.«

Der Meditations-Meister Karlfried Graf Dürckheim: »Meditation meint Verwandlung des überwiegend der Welt zugewandten, aus seiner bloßen Natur und im Bedingten der Welt lebenden Menschen zu dem neuen Menschen, der bewußt in seinem Wesen verankert ist und dieses in seinem Erkennen, Gestalten und Lieben in der Welt in Freiheit zu bekunden vermag.«

Meditative Zustände sind uns allen bekannt, aber unser modernes Leben verdrängt sie. Durch den Leistungsdruck, unser ›Durch-das-Leben-Hetzen‹, werden wir daran gehindert, zu uns selbst zu finden, unsere Mitte zu spüren. Es fehlt uns immer mehr die Fähigkeit zur Hingabe. Streß ist an die Stelle von Beschaulichkeit getreten, bei der sich oft von allein ein Meditationszustand einstellt. Deshalb benötigen wir heute Techniken, die uns helfen können, den Zustand absoluter Ruhe, der Passivität, des Nichts-Tuns, der Hingabe an das ›Einfach-so-Sein‹ wieder zu ermöglichen.

WARUM MEDITATION?

»Der Zweck des Lebens ist Bewußtwerdung«, schreibt Bhagwan Shree Rajneesh. »Bewußtheit ist die uneingeschränkte Wahrnehmung von allem, was geschieht.« Diese uneingeschränkte Wahrnehmung ist uns meist verwehrt, denn unser Wachbewußtsein ist nur in der Lage, einen winzigen Ausschnitt der Realität zu erfassen. Alles, was jenseits dieser Grenzen liegt, ist außerhalb unserer bewußten Reichweite – aber dennoch vorhanden.

Meditation ist ein Weg zum totalen Bewußtsein, zur umfassenden Wahrnehmungsfähigkeit. Mit Hilfe der Meditation gelingt es, ein Sperrgebiet zu betreten, in dem bislang unerschlossene Ressourcen der Persönlichkeit lagern.

Eingegrenzt in unsere Bewußtseinsschranken, sind wir nicht in der Lage, die übergeordnete Einheit aller Dinge und Vorgänge zu erkennen. Der wesentliche Grund dafür ist die Erfahrung der Polarität, die unsere materielle Welt prägt. Die Wirklichkeit existiert zwar als Einheit, ist eine Art allumfassender kybernetischer Regelkreis, der nach einer übergeordneten ›göttlichen‹ Gesetzmäßigkeit funktioniert. Alles ist von allem abhängig, nichts kann allein wirken. Mit unserem eingeschränkten menschlichen Bewußtsein können wir diese Einheit aber nicht erfassen, und deshalb offenbart sich uns die Welt in scheinbaren Gegensätzen: Mann und Frau, Tag und Nacht, Gesundheit und Krankheit, Leben und Tod, Plus und Minus.

Eine der Grunderfahrungen der Polarität ist der Atem. Mit seiner Hilfe können wir ihr Wesen am besten erkennen. Das Einatmen bedingt das Ausatmen, beides gehört zusammen, und wenn man einen Pol wegnimmt, verschwindet auch der andere. Dieser Wechsel der Pole ergibt einen Rhythmus. Und dieser Rhythmus bedeutet Leben, ist das Grundmodell alles Lebendigen.

Die enge Zusammengehörigkeit der beiden Pole läßt die Einheit, die ihnen zugrunde liegt, gut erkennen. Uns Menschen zeigt sie sich jedoch immer in zwei hintereinander ablaufenden Aspekten der Wirklichkeit. Da jeweils ein Pol notwendig ist, um den anderen zu erfahren, haben beide ihre Existenzberechtigung und ihren Sinn. In einem gesetzmäßig funktionierenden Kosmos kann es nichts Sinnloses geben.

»Die Menschen«, so der Psychotherapeut Thorwald Dethlefsen, »haben es sich zur Gewohnheit gemacht, die Welt einzuteilen in Dinge, die sein dürfen, und in Dinge, die es eigentlich nicht geben sollte.« Indem wir uns weigern, bestimmten Teilen der Wirklichkeit in unserem Bewußtsein eine Existenzberechtigung zu geben, verschließen wir aber lediglich die Augen vor einem Ausschnitt der Realität. Das schlägt voll auf uns zurück, denn jeder Versuch, eine Wahrheit zu unterdrücken, erzeugt Gegendruck, den wir zu spüren bekommen. Thorwald Dethlefsen schreibt in diesem Zusammenhang: »Der größte Teil des menschlichen Leidens besteht aus dem ausgeübten Widerstand gegen die manifestierten Umstände.«

Dieses ›Entweder-Oder‹, mit dem wir die Welt betrachten, zwingt uns dazu, viele Dinge in uns zu unterdrücken, weil wir deren Wertfreiheit nicht akzeptieren können. Wir setzen den Maßstab des ›Gut‹ und ›Böse‹, verdrängen dabei einen großen Teil unserer Persönlichkeit in einen Schattenbereich und verhindern damit die volle Entfaltung unseres Wesens. Wir werden krank, weil wir unsere Persönlichkeit gewaltsam reduzieren.

Die Existenz des von Tiefenpsychologen als ›Schatten‹ bezeichneten Bereichs ergibt sich aus der polaren Erfahrung der Wirklichkeit. Da wir aber von unseren menschlichen Leiden nur erlöst werden können, wenn wir wieder in die Einheit finden, kommt der Integration des Schattens in unsere Persönlichkeit eine wesentliche Bedeutung zu.

Das klingt nicht nur so, als sei es eine schwierige Aufgabe, sondern es ist auch eine schwierige Aufgabe. Gerade in den dunklen Seiten unserer Seele sind oft ungeahnte Kräfte verborgen, die nur auf ihre Befreiung warten und, ans Licht gebracht, unsere Persönlichkeit abrunden und stärken.

Der tibetanische Religionsführer Tschögyam Trungpa spricht in diesem Zusammenhang von Abfall, der als Dünger für den Entwicklungsprozeß verwendet werden soll: »Fähige Bauern aber sammeln ihren Abfall trotz schlechten Geruches und schmutziger Arbeit, und wenn er gebrauchsfähig ist, verteilen sie ihn über ihren Acker.«

Daher soll auch der Mensch seine Schattenseiten erkennen und bejahen. Er muß sie erforschen und muß akzeptieren, daß dies alles Dinge sind, die zu ihm gehören. Erst dann hat er in diesem Fall die beiden Pole der Wirklichkeit angenommen und lernt sich selbst zum ersten Male umfassender kennen. Mit dieser Selbsterkenntnis erfüllt der Mensch eine der wesentlichen Forderungen, die das Leben an ihn richtet. Thorwald Dethlefsen formuliert das so: »Das höchste Ziel des Menschen – nennen wir es Weisheit oder Erleuchtung – besteht in der Fähigkeit, alles anschauen zu können und zu erkennen, daß es gut ist, wie es ist.«

Meditation unterstützt die Selbsterkenntnis, hilft uns bei der Nutzbarmachung des inneren Schattens. Das ist der Grund, warum bei zunehmend mehr Richtungen der Psychotherapie Meditationstechniken eingesetzt werden. Durch die tiefe innere Ruhe, die bei der Meditation entsteht, verschwinden Ängste und Verkrampfungen. Gedanken und Wünsche, die bisher stark angstbelegt waren, haben durch die von der Meditation geförderte wertfreie Haltung die Chance, aufzutauchen.

Der Prozeß der Selbsterkenntnis ist oft sehr schmerzhaft. Wer diesen Weg geht, gerät dabei gelegentlich mit Dingen in Berührung, die ihn entsetzen. Es brechen anscheinend unüberwindbare Gegensätze auf, und der Schrecken der Polarität wird überaus deutlich. Doch erst wenn wir uns immer wieder mit diesen Phänomenen unserer Seele beschäftigen, können wir sie verstehen und in der Polarität die Kraft der Einheit erkennen. Die Meditationstechniken geben uns die Chance, die Grenzen unseres dualen Weltbildes zu überschreiten, die scheinbaren Gegensätze wieder zusammenzufügen, unsere gewohnte Subjekt-Objekt-Unterscheidung aufzulösen und die Gesamtschau herzustellen.

Einheit erreichen wir dann, wenn wir unser begrenztes Wachbewußtsein mit dem Unbewußten, das unbegrenzt ist und alles enthält, verschmelzen. Dazu muß die Trennschicht zwischen den Bewußtseinsebenen ›gereinigt‹ und durchlässig gemacht werden. Meditation kann das erreichen. Es ist ein Sprung ins Unbewußte, in die Tiefen unserer Persönlichkeit. Deshalb ist Meditation weitaus mehr als eine reine Entspannungsübung, als die sie bei uns im Westen so populär geworden ist. Entspannung und Streßlösung sind angenehme Begleiterscheinungen – mehr nicht.

Diesem komfortablen Zwischenergebnis der Meditation folgt die oft weniger angenehme Suche nach der vollständigen Persönlichkeit. Getrennt von einem großen Teil unserer Seele, machen wir uns mit Hilfe der Meditation auf den schwierigen Weg, unser Wesen in seiner ganzen Fülle zu erkennen. Darauf muß gefaßt sein, wer sich mit Meditation einläßt, denn ganz gleich, aus welchen Gründen wir Meditation begonnen haben – sie gibt uns immer mehr, als wir erwarten.

DIE MEDITATIONSTECHNIKEN

Es gibt eine Vielzahl von Meditationstechniken, und alle haben ein gemeinsames Ziel: sich selbst überflüssig zu machen. Das klingt verwirrender, als es tatsächlich ist.

Ziel aller Meditationstechniken ist ein meditativer Zustand, in dem sich die bislang brachliegenden Bewußtseinsbereiche offenbaren können. Der Zugang zu diesen unerforschten, im Dunkel unserer Seele liegenden Ebenen wird jedoch durch die hektische Alltagsbetriebsamkeit unseres Wachbewußtseins versperrt. Hier wird so aktiv gedacht und analysiert, daß keine Gelegenheit mehr besteht, sich um die für unsere Gesamtpersönlichkeit so wichtigen Inhalte des Unbewußten zu kümmern.

Entscheidende Voraussetzung für das erfolgreiche Erreichen eines meditativen Zustandes ist deshalb, unser Bewußtsein von den alltäglichen Inhalten zu leeren und Platz darin zu schaffen für all das, was aus den unteren Ebenen unserer Seele aufsteigen und sich bemerkbar machen will. Das ist leichter gesagt als getan. Wer jemals versucht hat, nur eine einzige Minute lang ganz still zu sitzen und an nichts, an überhaupt nichts zu denken, der hat festgestellt, daß es unmöglich ist, alle Gedanken, Empfindungen und Phantasien aus dem Bewußtsein zu vertreiben.

Die Meditation weiß um dieses Problem. Im Laufe ihrer langen Geschichte wurden deshalb Techniken entwickelt, mit deren Hilfe das Bewußtsein weitgehend geleert werden kann. Diese Methoden tragen dazu bei, unsere Gedanken auf einen einzigen Gegenstand oder auf eine einzige Tätigkeit zu konzentrieren. Systematisch wird alles andere aus dem Bewußtsein eliminiert, und wir verweilen bei einer einzigen Sache. Das Entscheidende dabei ist nicht, bei welcher Sache wir verweilen; wesentlich ist das Verweilen an sich.

Meditationstechniken bilden jenen aktiven Schritt, den wir benötigen, um unser rationales, begrenztes Denken zu beschwichtigen, damit wir in den Zustand des Nicht-Tuns, der passiven Bewußtheit, des stillen Gewahrseins – was Meditation ist – eintauchen können.

Wer lange genug mit Hilfe dieser Techniken seine Gedanken auf einen Punkt zu fokussieren geübt hat, ist irgendwann auch in der Lage, diesen letzten Gedanken aus seinem Bewußtsein zu tilgen. Dann ist der Zustand der Meditation erreicht – und die Techniken werden überflüssig. Der Vorgang der Technik also ist noch nicht Meditation, weil er noch Aktivität ist, aber er kann uns in die Meditation führen. Je mehr Energie für die Technik verwendet wird, desto weniger werden störende Gedanken auftauchen.

Wenn man beispielsweise den Tanz als Meditationstechnik verwendet, wie das die Sufi-Derwische tun, wird irgendwann der Moment kommen, daß man nur noch tanzt, nicht mehr denkt und selbst zum Tanz wird.

»Meditation«, schreibt Claudio Naranjo vom *Esalen Institut* im kalifornischen Big Sur, »beschäftigt sich mit dem Entwickeln einer Gegenwart, einem Seinszustand, der in jeder Situation, in der sich der einzelne befinden mag, ausgedrückt oder herausgebildet werden kann.« Und weiter: »Diese Gegenwart verwandelt, was immer sie berührt. Ist ihr Medium die Bewegung, wird sie sich in Tanz verwandeln; ist es Ruhe, wird sie zur lebenden Skulptur; ist es der Gedanke, wird es zu höheren Bereichen der Intuition; ist es die Wahrnehmung, wird sie zur Verschmelzung mit den Wundern des Daseins; ist es das Gefühl, wird es zur Liebe; ist es Gesang, wird es zur geheiligten Äußerung; ist es die Sprache, wird sie zum Gebet und zur Dichtung; sind es die Tätigkeiten des gewöhnlichen Lebens, werden sie zu einem Ritual im Zeichen Gottes oder zu einer Feier des Daseins.«

INTELLEKT UND MEDITATION

Wer sich auf den Weg der Meditation macht, wird über kurz oder lang auf ihren Gegenpol, den Intellekt stoßen. Der Intellekt ist bei den meisten westlichen Menschen die beherrschende Instanz. Er bestimmt, wo es lang geht, Ziel, Richtung und Geschwindigkeit, eigentlich alles Wesentliche, beziehungsweise alles, was wir dafür halten. Meditation gehört da eindeutig nicht dazu, wendet sie sich doch nach innen, unserer Mitte zu. Der Intellekt aber kümmert sich mit Vorliebe um die Oberfläche in ihrer ganzen Breite und Vielfalt. Er ist es, der der ständigen Abwechslung bedarf, um bei Laune zu bleiben, der die Partner wechseln will und die Arbeit, umziehen muß an andere Orte, ständig neue Reiseziele sucht, das Automodell, die Kleidung und die Frisur den neuesten Trends angepaßt haben will. Er braucht Spannung und Abwechslung, und nur Bewegung stimmt ihn zufrieden. So ist auch der äußere Redefluß ebenso wie der noch viel unablässigere innere Gedankenstrom ein Produkt des Intellekts.

Meditation stellt zu all dem den Kontrapunkt dar und ist uns deshalb, da wir in unseren Breiten seit Jahrhunderten auf den Intellekt setzen, anfangs ungewohnt, ja oft sogar befremdlich. Meditation kümmert sich in den allermeisten Fällen gar nicht um den Intellekt und ruft ihn so nicht selten als

Gegner auf den Plan. Auch in diesen Fällen wird er meist weiter ignoriert, und so kommt es, daß er uns häufig mit guten Argumenten vom Weg der Meditation wieder abbringen will. Solche Argumente können dann etwa folgendermaßen klingen: »Das ist mir zu langweilig«, »das ist ja schon wieder dasselbe«, »am Anfang war es ja ganz interessant, aber jetzt macht es mir keinen Spaß mehr«.

Meditation muß durch solche Phasen hindurchgehen und nähert sich überhaupt erst ihrem wirklichen Anliegen, wenn sie die Phase des intellektuellen Protestes hinter sich gebracht hat.

Besonders wer sich dem Thema neu zuwendet, sollte solche Gegenwehr in die Wahl einer Technik miteinbeziehen und sich für den Anfang eher Meditationsformen wählen, die dem Intellekt nicht zuviel Störmöglichkeiten einräumen. Etwa sind die geführten Meditationen, mit denen der praktische Teil der Tierkreiszeichenmeditationen beginnt, für intellektuelle Proteste weniger anfällig, da sie doch ziemlich viel Abwechslung enthalten und das Kennenlernen der eigenen Innenwelt noch vor dem »Leerwerden« rangiert. Meditation, die wie Za-Zen auf absolute Leere zielen, sind anfangs besonders anfällig für intellektuelle Gegenspiele und daher mehr für fortgeschrittene Meditierende geeignet, die die erste Auseinandersetzung mit dem Intellekt schon hinter sich gebracht haben.

Für dieses Problem mag auch die hier gewählte Form, Meditationen einem bestimmten Urprinzip bzw. einem bestimmten Tierkreiszeichen zuzuordnen, erleichternd sein. Denn wenn man sich eine Technik wählt, die dem eigenen Grundprinzip naheliegt, hat man natürlich weniger innere Ablehnung zu bewältigen.

Grundsätzlich sollten wir uns aber klarmachen, daß Meditation all dem zuwiderläuft, was in unserer Gesellschaft wichtig und vorrangig ist. Meditation müßte man dem weiblichen Pol der Wirklichkeit zuordnen, während unser gesellschaftliches Leben eindeutig vom männlichen Gegenpol bestimmt wird. So gehen all die üblichen Forderungen, nach denen wir erzogen und ausgebildet worden sind, am Thema der Meditation glatt vorbei.

Es ist nämlich nicht möglich, schnell zu meditieren, genausowenig, wie wir schnell beten können. Es läßt sich dabei weder Zeit noch Geld einsparen, die Effizienz läßt sich nicht steigern, die Leistung nicht erhöhen. Ja, was vielleicht aus dieser Sicht das Schlimmste ist, es bringt nichts. Jedenfalls nichts Greifbares, bestenfalls eben wirklich das »Nichts«, das aber nur nach sehr langer Übung. Etwas zu tun, bei dem bestenfalls »Nichts« herauskommt, ist aber nach landläufiger Meinung »verlorene Zeit«. Tatsächlich geht es auch gerade darum, die Zeit zu verlieren, sich außerhalb alles beherrschenden Einflusses zu begeben.

An diesen wenigen Wortspielen läßt sich schon erkennen, wie wenig wir dem Thema »Meditation« mit unserer gewohnten logischen Denkart gerecht werden. Im intellektuellen Denken ist Zeit Geld und begrenzt, sie muß also genutzt und darf keinesfalls verschwendet werden.

Wenn wir meditieren, verlassen wir diesen engen Definitionsrahmen, und Zeit erscheint uns weniger unter ihrem quantitativen Aspekt, als vielmehr unter dem ihrer Qualität, ja sie hört letztendlich ganz auf, meßbar zu sein, wird nur noch erlebbar...

Dieser Schritt in Richtung Gegenpol, in unserem Fall in Richtung der weiblichen Seite des Menschen, ist wohl der schwierigste Schritt im Leben überhaupt, und so sollten wir Geduld mit uns haben und uns viele Chancen geben. Wir sollten auch Verständnis für unseren männlichen Teil, den Intellekt haben, denn schließlich ist es für niemanden leicht, einen Teil der eigenen Macht abzugeben, selbst dann nicht, wenn das ferne Ziel, das Gleichgewicht zwischen Yin und Yang, links und rechts, weiblich und männlich ist, für alle Beteiligten nur Vorteile bringt.

DIE WIRKUNGEN DER MEDITATION

Streß ist eine der häufigsten Belastungen des westlichen Menschen. Seine Symptome sind Nervosität, Gereiztheit, Muskelverkrampfung und Überanstrengung. Den Fachleuten gilt er als Ursache zahlreicher Zivilisationskrankheiten. Streß hat eine fehlende Ausgeglichenheit im Organismus als Reaktion auf Umwelteinflüsse zur Folge. Dabei werden alle erhaltenden Funktionen des Körpers wie Verdauung, Zellaufbau und Zellreinigung gedrosselt und alle aktivierenden sowie mobilisierenden Funktionen gesteigert. Der Körper bereitet sich auf Kampf oder Flucht vor. Das ist in bestimmten Situationen sinnvoll. Dem Menschen erschließt sich durch Streßreaktionen eine ganze Reihe von speziellen Gegenmaßnahmen, mit denen er auf Umweltreize richtig reagieren kann, um danach wieder zu harmonischen Verhaltensweisen zurückzukehren.

Gefährlich wird Streß nur dann, wenn er zu oft vorkommt und überdies nicht abreagiert werden kann. Sinnlos bereitet sich der Körper in solchen Fällen auf Aktion vor, kann diese aber nicht ausleben, weil Angriff genauso wie Flucht gesellschaftlich als unmögliches Verhalten gelten. Wenn sich z. B. eine Geschäftsbesprechung negativ für mich zuspitzt, nutzt es in den meisten Fällen gar nichts, entweder dem Gesprächspartner die Faust ins Gesicht zu rammen oder den Raum fluchtartig zu verlassen. Im Gegenteil: Wir tun so, als sei nichts passiert, und schlucken Wut oder Angst unauffällig hinunter.

Dabei werden zwar die Streßhormone ausgeschüttet, das Herz klopft schneller, und der Blutdruck steigt – aber es gibt kein Ventil dafür. Der Streß dreht sich sozusagen isoliert im Kreis und frißt sich tief in uns hinein, und es ergeben sich zwei unangenehme Folgen:

– Dauerstreß schwächt das Immunsystem. Der Körper ist nicht mehr in der Lage, Krankheitserreger wirksam zu bekämpfen.

– Streß belastet die Psyche. Angst und Wut setzen sich tief in uns fest, weil sie keinen Ausweg finden.

Die in uns aufbewahrten alten Stresse sind besonders verhängnisvoll. Wir sind uns zwar dieses Ballastes nicht bewußt, doch bedeutet das keinesfalls, daß sie damit verschwunden sind. Unerkannt vom Wachbewußtsein, rumoren sie im Unterbewußten und belasten dadurch unser gesamtes Wesen.

Die meisten Menschen haben ein Verfahren entwickelt, wie sie mit den in jedem von uns vorhandenen inneren Stressoren fertig werden können: Sie riegeln ihr Bewußtsein gegenüber den darunterliegenden streßbelasteten Schichten ab, Grenzüberschreitungen werden nicht zugelassen. Das Unterbewußte wird wie eine Sondermülldeponie mit gefährlichem Inhalt behandelt. Das mag zwar eine Zeitlang funktionieren, aber irgendwann sind die Kapazitäten unserer Abfallhalde für den Seelenmüll erschöpft. Die Deponie fließt über, die alten Stressoren kehren zerstörerisch ins Bewußtsein zurück und äußern sich dann als seelischer Leidensdruck und psychosomatische Störung.

Indem wir unsere tieferen Seelenschichten vor unserem Bewußtsein abschotten, handeln wir uns noch einen zweiten Nachteil ein: Wir vergeben nämlich die Chance, von den unerschöpflichen Kräften zu profitieren, die ebenfalls jenseits des Wachbewußtseins lagern. Dadurch werden wir zu einem gefühlsmäßig reduzierten Wesen mit geringem seelischem Tiefgang, das seine schöpferischen Energien und seine produktive Kreativität verloren hat.

Als derartiger Gefühlskrüppel ist der Mensch durchaus noch in der Lage zu funktionieren, solange er imstande ist, alles zu verdrängen, was ihn belastet. Zu einer seelisch-geistigen Weiterentwicklung ist er allerdings in solch einer Situation nicht mehr fähig. Zur persönlichen Krise kommt es, wenn die Psychomüllkippe voll ist und die unbearbeiteten seelischen Inhalte ins Bewußtsein schwemmt.

Es gibt verschiedene Methoden, um eine derartige seelische Blockade aufzulösen und einen neuen Zugang zu unserem Innenleben zu finden. Dieses Ziel haben viele Methoden der Psychotherapie.

Eine der einfachsten und umfassendsten Methoden ist die Meditation. Neueste naturwissenschaftliche Forschungen und uralte Erfahrungen belegen übereinstimmend die integrierenden Wirkungen der unterschiedlichen Meditationsarten. Mit ihrer Hilfe gelingt es, Seele wie Körper zu beruhigen und zu entspannen. Das ist nicht ein Schutz vor Streß, der von außen auf uns einwirkt, sondern die Chance, die Barrieren zwischen unseren Bewußtseinsebenen abzubauen. Im Zustand der Tiefenentspannung werden alte Stresse gelöst und wird ein neues Grundvertrauen geschaffen.

Dies alles läßt ein spezieller Teil der Meditation geschehen. Durch die vollständige oder teilweise Leerung des Bewußtseins während der Meditationsphase öffnet sich unser Geist für neue Erfahrungen. Im Gegensatz zu Psychoanalysen und Streßlösungsprogrammen gehen wir bei der Meditation wertfrei und ziellos in unserer eigenen Psyche auf Entdeckungsreise. Wir wollen nichts erreichen, sondern lassen geschehen und akzeptieren, was geschieht. Unsere Seele weiß diese Freiheit zu schätzen. Ungezwungen richtet sich während der Meditation ein innerer Suchscheinwerfer auf die dunklen Gebiete unserer Psyche. Weil wir nichts erreichen müssen, können wir alles erreichen.

Psychologen haben ein Modell entwickelt, wie die Streßlösung und die Bewußtseinserweiterung während der Meditation ablaufen. Gleichsam wie mit einem Fahrstuhl fährt unser Bewußtsein in tiefere Schichten, die uns bisher verborgen geblieben waren. Dort werden seelische Materialien bearbeitet und aufbewahrt. Gefühle wie Angst, Wut,

Haß und Mißtrauen werden entdeckt, akzeptiert und damit neutralisiert; schöne Gefühle wie Liebe, Vertrauen und Freude werden gefördert. Dieser ständige Wechsel zwischen immer tiefer wirkender Entspannung und Gefühlsverarbeitung erfolgt unsystematisch und reguliert sich selbsttätig. Normalerweise können wir uns deshalb bei der Meditation nicht überfordern. Anpassungsfähig und flexibel arbeiten wir während der Meditation an einem Kern der menschlichen Existenz. Die Wirkungen dieser Arbeit sind deshalb auf unterschiedlichen Ebenen wahrnehmbar. Körper und Seele werden wohltuend beeinflußt. Wir lernen uns besser kennen und entwickeln daraus die Fähigkeit zu einer positiveren Kommunikation mit anderen.

Wer in der Lage ist, sich zu akzeptieren, kann auch andere leichter anerkennen. Wer sich selbst kennt, kann sich leichter und klarer verwirklichen, weil er dann Manipulationsversuchen von außen her weniger leicht ausgeliefert ist. Den Psychologen Lutz Schwäbisch und Martin Siems erscheint das als »die beste Garantie gegen totalitäre und inhumane politische Entwicklungen«. In ihrem Buch ›Selbstentfaltung durch Meditation‹ erklären sie: »Jede Verringerung von Neurotizismus hilft unmenschliche Gesellschaften, Politik und Gesetze zu verhindern.«

Fundierte Untersuchungen über die Wirkungen der Meditation gibt es nur in bezug auf die Transzendentale Meditation (TM), die christliche Meditation, auf Zen und Yoga. Man kann aber davon ausgehen, daß diese Wirkungen meditationstypisch sind, also auch bei allen anderen Meditationsarten auftreten können. Besonders oft werden folgende genannt:

– Nach regelmäßiger meditativer Übung stellt sich ein grundsätzliches Gefühl der Entspannung, Ruhe und Gelassenheit ein. Wer meditiert, fühlt sich nicht mehr so gehetzt und gedrängt. Umweltreize belasten ihn weniger, er zeigt seltener Streßreaktionen. Trotz größerer Ruhe steigert sich die Reaktions- und Konzentrationsfähigkeit.

– Meditation führt zu größerer Selbstakzeptanz, zu mehr Selbstvertrauen und Selbstidentität und zu einer besseren Selbstverwirklichung. Daraus entstehen größere Unabhängigkeit, Selbständigkeit, Risikobereitschaft und Toleranz gegenüber anderen.

– Die allgemeine Lebenseinstellung wird durch Meditation offenkundig positiv beeinflußt und stabilisiert. Man fühlt sich ausgeglichen und verfügt über eine heiter-gelassene Zufriedenheit. Es fällt leichter, eigene Affekte zu erkennen und zu kontrollieren.

– Die körperliche und geistige Leistungsfähigkeit steigt, die Intelligenz nimmt meßbar zu. Es wurde auch eine größere Kreativität festgestellt.

– Die Sensibilität nimmt zu. Hierbei soll darauf hingewiesen werden, daß dies nicht nur Vorteile mit sich bringt. Neben einer gesteigerten Wahrnehmungsfähigkeit in allen Bereichen kann die allgemeine Gefühlssituation an Stabilität verlieren;

man ist anfälliger für Stimmungsschwankungen, seelische Schattenbereiche dringen leichter an die Oberfläche, man ist der Gefühlswelt vermehrt ausgeliefert, die Frustrationsgrenze kann sinken. Magen und Bauch werden dadurch zu empfindlicheren Körperregionen.

– Einzelne Forschungen belegen, daß durch Meditation die Erinnerungs- und die Lernfähigkeit gesteigert werden, daß es leichter fällt, arithmetische Probleme zu lösen, daß die motorische Geschicklichkeit zu- und die Angst abnimmt.

Mediziner haben herausgefunden, daß die Meditation im Rahmen ihrer Breitenwirkung in der Lage ist, hohen Blutdruck zu senken und Einschlafstörungen zu beseitigen. Drogenmißbrauch wird durch Meditation gemeinhin drastisch reduziert. In den USA wurde sogar in einer wissenschaftlich kontrollierten Untersuchung an TM-Schülern festgestellt, daß meditative Übungen zu einer Besserung bzw. völligen Eliminierung folgender Symptome führen können: Magengeschwüre, Asthma, Epilepsie, Multiple Sklerose, Allergien, Kopfschmerzen, Akne, Übergewicht, Verspannungen. Nachdem bekannt ist, daß häufiger Streß mit einer Schwächung des Immunsystems einhergeht, ist es kein Wunder, daß Meditation durch seine Entstressungs-Funktion auch dazu beiträgt, die Anfälligkeit für Infektionskrankheiten wie Erkältung oder Grippe zu mindern.

Letztendlich können alle Krankheitssymptome, nicht nur die oben angeführten, verschwinden.

Körperliches und seelisches Wohlbefinden laufen parallel, bedingen einander. Krankheit ist nichts anderes als eines der dringendsten und nicht mehr so leicht ignorierbaren Warnsignale, daß wir in unserer Seele etwas nicht beachtet haben. Da nun Meditation die wertfreie Wahrnehmung unserer seelischen Bereiche ermöglicht, wir dabei in Kontakt mit dem »Inneren Arzt« bzw. unserem »Inneren Weisen« kommen, der immer am besten weiß, was gut und richtig für uns ist, werden wir alle Teile unseres Wesens erkennen und besser leben können, und körperliche Krankheit wird dadurch überflüssig.

Voraussetzung für solche »Erfolge« der Meditation ist allerdings, daß man nicht versucht, derartige Erfolge gezielt zu erreichen. Meditation wirkt nur dann entspannend und heilend, wenn sie ungezwungen und nicht zielgerichtet erlebt wird. Körper und Geist wissen besser als unser Tagesbewußtsein, wo Entstressung, Angstlösung und Selbsttherapie ansetzen und wirken müssen. Wer meditiert, muß vertrauen und lernen, sich von den alltäglichen Zwängen zu lösen, die stets ein ganz konkretes Ziel erreichen wollen. Alle Gedanken, Gefühle und Phantasien, die während jeder Meditation auftauchen, werden wertfrei und kommentarlos akzeptiert.

Besonders schwer fällt es den meisten Anfängern der Meditation, auch unangenehme Symptome als sinnvoll und zur eigenen Persönlichkeit gehörend anzuerkennen. Zwar soll Meditation Spaß machen und keinesfalls während oder nach der Versenkung quälend wirken.

Gelegentlich können jedoch bei der Lösung alter Stresse beunruhigende Erscheinungen auftreten. Dann kommt es zu Schwitzen, Fieber, Muskelzucken oder Zittern. Das sind harmlose Phänomene, die man am besten einfach geschehen läßt, denn sie zeigen an, daß wir körperliche Spannungen abbauen. Nach einiger Zeit verschwinden diese Symptome von allein.

Auch Kopfschmerzen, Müdigkeit und ein Gefühl, als sei man in Watte gepackt, sind Zeichen einer Lösung von alten psychischen und physischen Schlacken. Es besteht kein Grund zur Beunruhigung, wenn diese Symptome zu Beginn der Meditation erscheinen. Nervosität, Gereiztheit und Hautjucken offenbaren, daß sich vorher unterdrückte Aggressivität freimacht. Gelegentlich beginnen alte Operationsnarben wieder zu schmerzen. Damit wird signalisiert, daß der im Unterbewußtsein vorhandene Schmerz, den die Operation unter Narkose verursacht hat, bewußt und damit gelöst wird. Die Schmerzerscheinungen dauern nur Stunden oder wenige Tage an.

Weil bei der Meditation auch Angst, Traurigkeit, Einsamkeit, Wut, Ärger und Depressionen gelöst werden, geraten diese vorübergehend wieder ins Bewußtsein. Das ist jedoch kein Grund, zu erschrecken. Wenn wir uns mit diesen Gefühlen auseinandersetzen, können wir sie auflösen; Widerstand dagegen fixiert sie.

Die genannten Symptome treten nur in wenigen Ausnahmefällen auf und doch dokumentieren sie den Entstressungsvorgang und das Eindringen in tiefere Schichten des Bewußtseins. Wer nicht in der Lage ist, diesen Inhalt seines Unterbewußtseins zu akzeptieren, vergibt eine Chance zur Selbstfindung und Selbstentwicklung.

In seltenen Fällen ist es allerdings angebracht, eine andere Meditationsart zu wählen. Jede Methode wirkt individuell verschieden. Manche Menschen kommen besser mit einer heftigen, aber schnellen Entstressung zurecht, andere fühlen sich bei einer sanften und behutsamen seelischen Reinigung wohler.

Es liegt jeweils in der ganz persönlichen Verantwortung, welchen Weg man wählt. Keine der vielen Meditationsarten ist besser als die andere, keine ist schlechter, aber manche passen genauer zur jeweiligen Persönlichkeit.

Meditation, richtig verstanden, ist nie gefährlich. Stets verhält sie sich harmonisch zu den wahren und zentralen Bedürfnissen von Körper und Seele. Natürlich können Schattenbereiche an die Oberfläche kommen, die beängstigend und gefährlich erscheinen. In solchen Fällen ist es wichtig, dabeizubleiben und durch diese Tiefen hindurchzugehen. Ein Abbrechen in diesen Momenten würde unter Umständen bewirken, daß man in jener dunklen Stimmung des Abbruchmomentes ziemlich lange auch noch nach Ende der Meditation bleiben würde. Außerdem ist es in einem solchen

Fall sogar wahrscheinlich, beim nächsten Meditationsversuch wieder in dasselbe Loch zu geraten. Geht man dagegen durch Schattenbereiche hindurch, indem man einfach in Meditation bleibt, wird man sie mit der Zeit auflösen und so auch im täglichen Leben von ihrem Einfluß frei werden.

WAS GESCHIEHT BEIM
MEDITIEREN?

In den sechziger Jahren machte der amerikanische Physiologe Robert Keith Wallace eine interessante Entdeckung: Bei der Überprüfung der elektrischen Gehirnaktivität während der Meditation ließ er die Daten vom Computer eines Instituts für Gehirnforschung auswerten. Die Rechneranlage meldete Erstaunliches: Bei der Meditation verliefen die Spannungsschwankungen im Gehirn auf einmalige Art und Weise. Wallace hatte damit einen vierten Bewußtseinszustand entdeckt. Bis dahin waren den Experten nur der Wach-, der Schlaf- und der Traumzustand bekannt gewesen. Diese drei Stadien hatte man zuverlässig mit Hilfe eines Elektroenzephalogramms (EEG) bestimmen können. Jetzt kam ein viertes Stadium hinzu, das kurz nach Beginn der Meditation durch eine Zunahme der Alpha-Wellen-Aktivität in den zentralen und frontalen Gehirnabschnitten gekennzeichnet war. Wallace sprach von einem »transzendentalen Zustand«.

Zum ersten Male kam man damals mit naturwissenschaftlichen Methoden den Veränderungen in Körper und Geist auf die Spur, die während der Meditationsphasen auftreten. Zwar sind die meisten Untersuchungen an Probanden vorgenommmen worden, die mindestens drei Monate lang

Transzendentale Meditation betrieben hatten, aber einzelne Experimente mit christlicher Meditation, Zen und Yoga bestätigten die Ergebnisse. Es kann deshalb davon ausgegangen werden, daß die gerade beschriebenen Vorgänge in der Physiologie des Menschen unabhängig von der Meditationsart auftreten.

Aus der Schlaf- und Traumforschung wissen wir, daß in diesen beiden Bewußtseinszuständen wichtige Entstressungsvorgänge stattfinden und Belastungen des Tages verarbeitet werden können. Speziell in einer bestimmten Phase des Tiefschlafs, die pro Nacht etwa vier- bis fünfmal 20 Minuten lang auftritt, wird unser Gehirn sehr aktiv. Die Augäpfel bewegen sich plötzlich schnell hin und her, als ob sie ein imaginäres Ping-Pong-Spiel beobachteten. Die Schlafforscher nennen diese Phase REM-Phase. REM steht für *rapid eye movements* (schnelle Augenbewegungen).

Aus Versuchen weiß man, daß in diesen Phasen besonders heftig geträumt wird. Weckt man Versuchspersonen immer dann auf, wenn die REM-Phase eintritt, und verhindert damit ihr Träumen, werden die Probanden desorientiert, reizbar und krank.

Ähnlich scheinen auch meditative Zustände zu wirken. Sie sind dazu geeignet, tiefersitzende Streßerscheinungen zu lösen, und tragen dazu bei, Körper und Geist regelmäßig zu entspannen und zu regenerieren. Während des transzendentalen Zustandes geschieht allerdings wesentlich mehr als in der Traumphase. Die regelmäßigen Alpha-Wellen zeigen, daß unser Bewußtsein während der Meditation hellwach ist. Gleichzeitig sind wir jedoch auf dem meditativen Weg in unser inneres Zentrum vor Umweltreizen geschützt. Während im Wachzustand jede Störung sofort mit einer Blockade der Alpha-Wellen beantwortet wird, bleiben wir während der Meditation entspannt und gelassen. Umweltreize beeinflussen die elektrischen Gehirnaktivitäten kaum oder gar nicht.

Der konstante Alpha-Rhythmus breitet sich bereits wenige Minuten nach Beginn der Meditation über die zentralen und frontalen Gehirnabschnitte aus und hat dort eine harmonisierende Wirkung. Im Gleichklang der Alpha-Wellen (8–9-Hertz-Wellen) geschieht etwas, das von einigen Wissenschaftlern mit Erstaunen betrachtet wird: Die Schwingungen beziehen die gewöhnlich weniger aktive rechte Gehirnhälfte gleichmäßig mit ein. Plötzlich synchronisieren sich die Vorgänge in den beiden Hemisphären. Das ist wichtig, weil die bei uns stets dominierende linke Hemisphäre vor allem für das analytisch-logische Denken zuständig ist. Rechts dagegen laufen schöpferisch-abstrakte Prozesse ab, dort ist die Intuition, der Zugang zu feineren Bewußtseinsbereichen, lokalisiert.

Nach einer ganzen Reihe von Untersuchungen nimmt Dr. Bernhard Glueck vom amerikanischen *Hartford Institute for Living* an, daß sich während einer bestimmten Phase der Meditation mehrere Billionen Gehirnzellen aus der rechten Hemisphäre in das aktive Netzwerk zuschalten. Wenn diese Annahme zutreffend ist, kann damit die enorme Expansion der bewußten Wachheit und Verarbeitungsfähigkeit erklärt werden.

Interessant ist dieser Vorgang auch unter einem anderen Gesichtspunkt. Aus Untersuchungen des Neurochirurgen Wilder Penfield von der Universität Montreal wissen wir, daß unser Gehirn unendlich große Speicherkapazitäten besitzt. Wie bei einem lebenslänglichen Live-Mitschnitt werden dort alle Erfahrungen gesammelt, die wir jemals gemacht haben. Sämtliche Eindrücke sind irgendwo in unseren grauen Zellen festgehalten.

Unser Gehirn vergißt also prinzipiell nichts. Es kann lediglich vorkommen, daß wir bestimmte Erinnerungen nicht mehr abrufen können, weil sie in momentan unzugänglichen Regionen unseres Gehirns archiviert sind. Teilweise haben wir diese Informationen absichtlich dort versteckt, weil ihr Erinnerungsinhalt für uns unangenehm oder angstauslösend ist; teilweise sind sie aber auch ohne unser Zutun dort gelandet. Der innerhalb unseres Gehirns Barrieren lösende Effekt der gleichförmigen Alpha-Wellen erklärt deshalb auch, warum wir in der Meditation in der Lage sind, alte Stresse wahrzunehmen und zu lösen.

Während unser Gehirn bei der Meditation nachweislich der EEG-Messungen hellwach ist, treten ansonsten nachhaltige Entspannungsphänomene auf:

– Sauerstoffverbrauch und Stoffwechselrate sin-

ken um bis zu 20 Prozent. Das sind höhere Entspannungswerte, als sie gemeinhin beim Schlaf auftreten.
– Der Hautwiderstand steigt um bis zu 500 Prozent, was bedeutet: Wir sind angst- und streßfrei.
– Die Herzfrequenz sinkt um durchschnittlich fünf Schläge pro Minute. Das Herz wird also weniger beansprucht.

Noch nicht gesichert, aber höchst wahrscheinlich ist die Annahme, daß während der Meditation weniger Adrenalin in die Blutbahn gepumpt wird. Adrenalin gilt als Angsthormon. Je weniger davon in unserem Blut vorhanden ist, desto angstfreier und gelassener sind wir. Übereinstimmend dagegen ergeben alle Tests der Körperreaktionen von Menschen während der Meditation einen hohen Grad der Entspannung bei absoluter Wachheit und eine bemerkenswerte Freiheit von allen Angst-Symptomen.

Parallel zu den physiologischen Forschungen haben Psychologen Modelle entwickelt, mit deren Hilfe sie beschreiben können, was während der Meditation auf der geistig-seelischen Ebene geschieht. Entscheidend ist für die Experten der Lösungsvorgang, welcher in der meditativen Phase abläuft. In einer Situation der Entspannung und des deutlich erweiterten Bewußtseins gehen wir ziellos auf die Suche nach alten, oft tief in uns verkapselten Ängsten. Wir bewegen uns dabei von außen in Richtung Mitte, auf unser innerstes Zentrum zu.

Im Gegensatz zu vielen psychotherapeutischen Verfahren werden bei der Meditation diese alten Konflikte und Probleme nicht vergrößert und oft gewaltsam nach außen gebracht, sondern unser Wahrnehmen wird verfeinert. Wir arbeiten in uns selbst und sind von Meditation zu Meditation immer besser in der Lage, immer feinere Reize zu erkennen. Doch ist das ein sehr behutsamer Prozeß. Auf dem Weg zu unserem Zentrum werden mit Hilfe der Meditation immer nur so viele alte Konflikte geortet und bearbeitet, wie wir gerade ertragen können. Dazu kommt ein noch nicht bewiesener, aber häufig berichteter Vorgang: Je tiefer wir in unser wahres Wesen eindringen, desto häufiger erreichen wir höchst angenehme Regionen des Wohlbefindens.

»ZIEL« DER MEDITATION

Meditation ist ein Weg tief in unser Inneres, in unsere Mitte. Wer sich auf diesen Pfad der Erkenntnis begibt, passiert alle inneren Schranken und beschäftigt sich im Vorübergehen mit alten, verkapselten Konflikten. Gleichsam *en passant* werden diese Konflikte gelöst. Das ist aber nicht das eigentliche Ziel von Meditation, sondern eine kurzfristig betrachtet gelegentlich schmerzhafte, auf lange Sicht gesehen jedoch immer wohltuende Begleiterscheinung. Das wahre Ziel der Meditation liegt ein ganzes Stück tiefer in uns und ist in Worten nur unangemessen zu beschreiben. Sie ist ein Weg, der zur Befreiung aus den Fesseln der Polarität führen kann.

Wir leben, abgesondert von der Einheit, in einer Welt der Gegensätze, die uns innerlich zu zerreißen droht. Aber wir ahnen eine kosmische Gesetzmäßigkeit, eine alles umfassende Einheit, und nennen sie ›Gott‹. Das ist keine Glaubensfrage, sondern lediglich ein Symbol für einen Zustand, den wir nicht in Worte fassen können.

Über die Meditation können wir wieder eine Rückverbindung zu diesem Unbeschreiblichen, zum kosmischen Bewußtsein, zum Urgrund allen Lebens herstellen.

»Erst aus dem Wissen um den Ursprung«, schreibt Thorwald Dethlefsen, »kann der Mensch sein Ziel erkennen. Das Ziel ist Vollkommenheit. Vollkommenheit ist Ausdruck der Einheit. Die Einheit nennen wir Gott.«

Wenn wir auf dem meditativen Weg in unser Innerstes die Grenzen zwischen Wachbewußtsein und Unterbewußtsein hinter uns lassen, nähern wir uns einem Gefühl der Entspannung, Geborgenheit, Zufriedenheit, des Glücks, der Wohligkeit. Schließlich verlieren wir sogar das Gefühl der eigenen Identität. Wir sind kein ›Ich‹ mehr, das stets zweckgerichtet agiert und sich gegen alles, was außerhalb des ›Ich‹ ist, abzugrenzen bemüht. Wir verlassen mit einemmal unser gewohntes Bewußtsein und geraten in einen Zustand der allumfassenden, unbegrenzten und immerwährenden Bewußtheit. Einen solchen Zustand bezeichnen wir als ›Transzendenz‹. Es gibt keinen Zweifel daran, daß diese Bewußtheit erreichbar ist. Viele Menschen aus verschiedenen Kulturen haben im Laufe der Menschheitsgeschichte Transzendenz erreicht. Ihre Beschreibungen sind stets sehr subjektiv, ähneln sich aber auf erstaunliche Art und Weise.

Der amerikanische Psychologe Abraham Maslow hat diesen Zustand als »Gipfelerlebnis« bezeichnet, in dem eine Seins-Motiviertheit im Gegensatz zur alltäglichen Defizit-Motiviertheit auftritt. Letztere führt dazu, jedem Handeln einen Zweck zu geben. Wir essen, um satt zu werden, wir joggen, um fit zu bleiben, wir lieben, um unsere sexuellen Spannungen abzubauen. Wir tun alles, um unsere Bedürfnisse zu befriedigen.

Im Zustand der Transzendenz dagegen herrscht das Gefühl, zufrieden zu sein. Alle Bedürfnisse sind erfüllt. Wir handeln nicht mehr, um ein Defizit auszugleichen, sondern um der Handlung willen. Wir bewerten nicht mehr, sondern akzeptieren. Wir sind wir.

Maslow hat auf verschiedene Arten versucht, den Gipfelzustand der Transzendenz zu beschreiben, und bezeichnet die dabei auftretende Art der Bewußtheit als S-Wahrnehmung oder S-Erkenntnis:

»1. Im S-Erkennen wird das Wahrnehmungsobjekt als Ganzes und als Einheit wahrgenommen, unabhängig von dessen Nützlichkeit und Angemessenheit.

2. Im S-Erkennen füllt das Wahrnehmungsobjekt die Aufmerksamkeit so vollständig aus, daß es daneben nichts auf der Welt zu geben scheint.

3. Der Erkenntnisgegenstand wird losgelöst von den eigenen Bedürfnissen wahrgenommen. So ist dann die Natur für sich selbst da und nicht ein menschlicher Spielplatz, für menschliche Zwecke eingerichtet.

4. Während die normale Wahrnehmung nach einiger Zeit gesättigt wird, wird die S-Wahrnehmung bei wiederholter Wahrnehmung immer faszinierender.

5. Wahrnehmung in den Grenzerfahrungen ist Ich-transzendierend, Selbst-vergessen, Ich-

los, sie ist unmotiviert, unpersönlich, wunschlos, selbstlos, bedürfnislos.

6. Die Grenzerfahrung wird als sich selbst bestätigender, sich selbst rechtfertigender Augenblick empfunden, der seinen eigenen inneren Wert in sich trägt. Das bedeutet, daß sie ein Zweck an sich ist.

7. In Grenzerfahrungen besteht eine charakteristische Desorientierung in Zeit und Raum.

8. Alles wird als gut, wünschenswert und sinnvoll wahrgenommen. Das, was ist, wird akzeptiert, wie es ist, wird nicht verglichen und gewertet.

9. Grenzerfahrungen sind eine absolute Erfahrung und verhältnismäßig unabhängig vom individuellen wie auch kulturellen Bezugsrahmen.

10. S-Erkennen ist mehr passiv und rezeptiv als aktiv.

11. Die emotionelle Reaktion bei Grenzerfahrungen hat einen besonderen Beigeschmack des Wunders, der Scheu, der Ehrfurcht, der Bescheidenheit und der Auslieferung an die Erfahrung als an etwas Großes.

12. Die ganze Welt wird als Einheit wahrgenommen.

13. Die Wahrnehmung ist ungefiltert durch Kategorien und damit konkreter und einzigartiger.

14. In Grenzerfahrungen werden viele Dichotomien (= Zweiteilungen), Polarisierungen und

Konflikte verschmolzen, transzendiert oder aufgelöst. Man ist gleichzeitig egoistisch und selbstlos, dionysisch und apollinisch, individuell und sozial, rational und irrational, mit anderen eins und von anderen distanziert.

15. Der Mensch ist auf dem Gipfel seiner Grenzerfahrung gottähnlich, besonders in der vollständigen, liebenden, nicht verdammenden, mitempfindenden und vielleicht erfreuten Akzeptierung der Welt und des Menschen.

16. Die Wahrnehmung ist idiographisch (= einmalig) und nicht klassifizierend.

17. In der Grenzerfahrung geschieht ein vollständiger, wenn auch nur augenblicklicher Verlust von Angst, Furchtsamkeit, Hemmung, Abwehr und Kontrolle – eine Preisgabe des Verzichts, des Zögerns und der Zurückhaltung.

18. Es scheint eine Art dynamischer Parallelismus oder Isomorphismus (= Gleichklang) zwischen dem Innen und dem Außen zu bestehen. Wenn man das wesentliche Sein der Welt wahrnimmt, kommt man gleichzeitig seinem eigenen Sein näher.

19. Es entsteht eine Fusion von Ich, Es, Über-Ich und Ich-Ideal, des Bewußten, Unbewußten und Vorbewußten, der Primär- und Sekundärprozesse, eine Synthese des Lustprinzips mit dem Realitätsprinzip, eine gesunde Regression ohne Angst im Dienst der größeren Reife, eine echte Integration der Person auf allen Ebenen.«

Dieses erweiterte Bewußtsein, die Transzendenz oder kosmisch-mystische Erfahrung, hat auch Walter Pahnke auf der Grundlage psychedelischer Forschung beschrieben. Er hat dafür neun Kategorien verwendet:

Kategorie 1 – Einheit: Es entstehen zwei Formen der Einheit. Eine interne Einheit, in der die gewöhnlichen Sinneseindrücke verloren gehen, die persönliche Identität sich auflöst, aber dennoch das Bewußtsein des Einsseins oder der Einheit erfahren wird. Walter Pahnke: »Man ist nicht bewußtlos, sondern vielmehr einer undifferenzierten Einheit sehr wohl gewahr.« Über die Sinnesorgane wird eine externe Einheit wahrgenommen. Zwar weiß man, daß man von der Umwelt getrennt ist, gleichzeitig ist aber die Trennung zwischen innen und außen nicht mehr relevant. Alles ist eins. »In der vollkommensten Erfahrung fühle man eine kosmische Dimension, so daß die Versuchsperson sich in einem tiefen Sinne als Teil des Seins empfindet.«

Kategorie 2 – Transzendenz von Zeit und Raum: Das gewöhnliche Gefühl für Zeit und Raum geht im Zustand der Transzendenz verloren. Walter Pahnke: »Erlebnisse des Verlustes von Zeit und Raum können auch beschrieben werden als Erlebnisse von ›Ewigkeit‹ und ›Unendlichkeit‹.«

Kategorie 3 – Tiefempfundene positive Stimmung: Im Zustand des kosmisch-mystischen Bewußtseins machen sich Empfindungen von Freude, Begnadung, Friede und Liebe breit. Walter Pahnke schreibt dazu: »Solche Gefühle können sowohl auf der Höhe des Erlebens auftreten als auch während des ›ekstatischen Nachglühens‹, wenn der Höhepunkt überschritten ist, seine Wirkungen und die Erinnerungen daran aber noch sehr lebendig und intensiv sind.«

Kategorie 4 – Gefühl der Heiligkeit: Es entsteht ein Gefühl der Heiligkeit. Walter Pahnke: »Der Grundcharakter der Heiligkeit ist eine nicht-rationale, intensive, schweigende, pochende Antwort des Staunens, des Sich-Wunderns in der Gegenwart inspirierender Realitäten.«

Kategorie 5 – Objektivität und Realität: In der Transzendenz wird eine letztgültige Realität erfahren, die wirklich ist. Sie unterscheidet sich von der gewöhnlichen Realität, vom alltäglichen Bewußtsein. Obwohl sie nicht auf der Ebene des Verstandes bewiesen ist, wird sie als autoritativ angesehen und gilt als objektive Wahrheit. Walter Pahnke: »Den Inhalt dieses Wissens kann man in zwei Haupttypen einteilen. Einsicht in Sein und Wesen im allgemeinen. Und Einsicht in das eigene begrenzte Selbst.«

Kategorie 6 – Paradoxie: Die Erfahrungen des Zustandes sind einander widersprechend. Gleichzeitig erlebt man eine leere und eine vollständige, volle Einheit, die Auflösung der Individualität und ein individuelles Erleben der Einheit. »Das Ich existiert und existiert doch nicht.«

Kategorie 7 – Angebliche Unaussprechlichkeit: Mystische Erfahrungen können nicht ausreichend oder überhaupt nicht beschrieben werden. Walter Pahnke: »Der Grund dafür ist vielleicht die Verlorenheit der Sprache angesichts der paradoxen Natur der wesentlichen Phänomene.«

Kategorie 8 – Flüchtigkeit: Mystische Erfahrungen sind vergänglicher als gewöhnliche Erfahrungen. Die Erlebnisse aus der Transzendenz verschwinden bald und machen dem Gewöhnlichen wieder Platz. Walter Pahnke: »Der Charakter des Flüchtigen zeigt an, daß der mystische Bewußtseinszustand nicht dauernd aufrechterhalten werden kann.«

Kategorie 9 – Anhaltende positive Veränderungen in Einstellung und Verhalten: Trotz ihrer Flüchtigkeit haben transzendentale Zustände positive Folgen. Aus ihren Wirkungen entsteht ein tiefgreifender Wandel der Einstellungen, der sich auch in den Phasen zwischen den meditativen Übungen bemerkbar macht.

Die Einstellung sich selbst gegenüber ändert sich. Walter Pahnke: »Der grundlegende innere Wandel im persönlichen Selbst besteht in einer stärkeren Integration der Persönlichkeit. Man kann unerwünschten Charaktereigenschaften ins Auge sehen, so daß sie bewältigt und schließlich reduziert oder eliminiert werden können.«

Die Einstellung und das Verhalten anderer gegenüber verändert sich. Das führt nach Walter Pahnke »zu größerer Sensibilität, mehr Toleranz, mehr wirklicher Liebe, mehr Echtheit der Person, dadurch, daß der Mensch sich anderen und sich selbst gegenüber mehr öffnet«.

Die Einstellung dem Leben gegenüber verändert sich. Pahnke: »Es kommt zu Verbesserungen des Lebensgefühls in bezug auf Weltanschauung, Ethik, berufliches Engagement, Notwendigkeit des Dienstes für andere und zu einer neuen Wertschätzung des Lebens für andere und der ganzen Schöpfung.«

Die Einstellung mystischen Erlebnissen gegenüber wandelt sich. Pahnke: »Positive Einstellung gegenüber der mystischen Erfahrung selbst bedeutet, daß diese als wertvoll angesehen wird und daß die Ergebnisse als nützlich erachtet werden.«

Diese Erleuchtungserlebnisse stehen allerdings ganz am Ende einer langen meditativen Praxis. Sie werden individuell sehr unterschiedlich erlebt und noch unterschiedlicher beschrieben. Der deutsche Physiker und Philosoph Carl Friedrich von Weizsäcker begnügte sich damit, seine Erfahrung mit einem einzigen Satz zu beschreiben: »Das Wissen war da, und in einer halben Stunde war alles geschehen.« Weizsäcker hatte das Erlebnis in Indien, am Grab des Maharishi im indischen Tiruvanamalli. Er erläuterte seine Sprachlosigkeit in einem

Interview so: »Spricht man darüber, dann wird sich doch herausstellen, daß alle diese Vokabeln irreführend sind, wahrscheinlich irreführender, als wenn man darüber schlicht schweigt.«

Gelegentlich brechen allerdings einige Erleuchtete das Schweigen und versuchen in Worte zu fassen, was nicht in Worte gefaßt werden kann, weil das Erlebnis der Transzendenz so singulär ist. Der indische Yogi und Meditationslehrer Pandit Gopi Krishna hatte nach 17 Jahren täglicher Meditation sein kosmisch-mystisches Schlüsselerlebnis. Hier sein Bericht:

»Eines Morgens, Weihnachten 1937, saß ich mit gekreuzten Beinen im Zimmer eines kleinen Hauses in der Umgebung von Jammu, der Winterhauptstadt des Staates Jammu und Kashmir in Nordindien. Ich meditierte, das Gesicht zum Fenster nach Osten gewendet. Die ersten grauen Strahlen der langsam sich erhellenden Morgenröte fielen in das Zimmer. Durch lange Übung war ich daran gewöhnt, stundenlang in der gleichen Stellung zu sitzen ohne die geringste Unbequemlichkeit, und ich saß da, atmete langsam und rhythmisch, richtete meine Aufmerksamkeit auf den obersten Teil meines Kopfes und versenkte mich in eine imaginäre Lotusblüte, die dort in hellem Licht erstrahlte.

Ich saß unbewegt und aufrecht. Ohne Unterbrechung strömten meine Gedanken zu dem leuchtenden Lotus hin in der festen Absicht, meine Aufmerksamkeit dort zu halten, vom Abschweifen zu bewahren und sie immer wieder zurückzubringen, wenn sie sich in einer anderen Richtung bewegte. Die Intensität der Konzentration unterbrach meinen Atem, langsam wurde er so still, daß er kaum mehr wahrnehmbar war. Mein ganzes Wesen war so sehr in den Lotus eingetaucht, daß ich für mehrere Minuten hintereinander die Berührung mit meinem Körper und meiner Umgebung verlor. Während einer solchen Unterbrechung – für einen Augenblick – war es mir, als ob ich mitten in der Luft ohne irgendein Körpergefühl schwebte. Das einzige, dessen ich gewärtig wurde, war ein Lotus in hellem Glanz, der Strahlen von Licht aussandte... Die Empfindung wuchs an Intensität, und ich fühlte, wie ich zu schwanken begann. Mit großer Mühe konzentrierte ich mich wieder auf den Lotus. Plötzlich fühlte ich einen Strom flüssigen Lichts, tosend wie ein Wasserfall, durch meine Wirbelsäule in mein Gehirn eindringen.

Ganz unvorbereitet auf ein solches Geschehen, war ich völlig überrascht. Ich blieb in derselben Stellung sitzen und richtete meine Gedanken auf den Punkt der Konzentration. Immer strahlender wurde das Leuchten, immer lauter das Tosen. Ich hatte das Gefühl eines Erdbebens, dann spürte ich, wie ich aus meinem Körper schlüpfte, in eine Aura von Licht gehüllt. Es ist unmöglich, dieses Erlebnis genau zu beschreiben... Ich war nicht mehr ich selbst, oder genauer: nicht mehr, wie ich mich selber kannte, ein kleiner Punkt der Wahrnehmung, in einen Körper eingeschlossen. Es war vielmehr ein unermeßlich großer Bewußtseinskreis vorhanden, in dem der Körper nur einen Punkt bildete, in Licht gebadet und in einem Zustand der Verzückung und Glückseligkeit, der unmöglich zu beschreiben ist.

Nach einer Weile – wie lange es gedauert hat, wüßte ich nicht zu sagen – begann der Kreis wieder enger zu werden. Ich fühlte, wie ich mich zusammenzog und immer kleiner wurde, bis ich der Grenzen meines Bewußtseins erst dumpf, dann klarer bewußt wurde. Als ich in meine alte Beschaffenheit zurückschlüpfte, nahm ich plötzlich wieder den Lärm auf der Straße wahr, fühlte ich wieder meine Arme, meine Beine und meinen Kopf, und wurde wieder mein enges Selbst in Kontakt mit Körper und Umgebung. Als ich meine Augen öffnete und um mich blickte, fühlte ich mich ein wenig schwindelig und verwirrt, als ob ich aus einem seltsamen Land zurückkehrte, das mir ganz fremd gewesen war.«

Ein letztes Zitat soll den Versuch der Beschreibung beschließen. Es stammt von Claudio Naranjo vom *Esalen Institut*: »Die Erkenntnis der Einheit, welche die ganze Tiefe des Meditationszustandes ausmacht und die durch die Mystiker aller Länder beschrieben wurde, beinhaltet mehr als das Verschmelzen von Ich und Du. Es ist das Erkennen der Einheit in allen Dingen und Wesen. Monotheistisch formuliert ist alles Ausdruck des einen Gottes, pantheistisch ausgedrückt ist es die Erfahrung, daß alles Gott ist.«

DIE PRAXIS
DER
MEDITATION

In diesem Abschnitt beginnen wir nach all der (notwendigen) Theorie mit der Meditationspraxis. Zunächst geht es um die allgemeinen Voraussetzungen. Wir beschäftigen uns mit dem Ort und der Umgebung, die am besten dazu geeignet sind, Sie in einen meditativen Zustand zu versetzen, schildern die grundsätzliche Bedeutung einer bewußten Form der Atmung, der Haltung und der inneren Einstellung, und erklären, wie Sie sich vorbereiten, entspannen sollten, wie Sie mit der Meditation beginnen und schließlich die Versenkung erreichen können.

DIE UMGEBUNG

Es ist nicht notwendig, die gewohnte Umgebung zu verlassen, sich in ein Kloster oder in die Einsamkeit der Berge zurückzuziehen, um den Weg der Meditation zu gehen. Oft wird so etwas nur als Fluchtvorwand gebraucht. Früher oder später muß man aber wieder zurück in die Welt, um dort seine Aufgaben zu erfüllen. Wir empfehlen Ihnen deshalb, von vornherein erst mal hier zu bleiben. Meditation ist kein Fluchthelfer in eine »bessere« Welt, sondern die Beschäftigung mit sich selbst. In die Meditation nehmen Sie sich immer mit.

Der tibetanische Religionsführer Tschögyam Trungpa sagt: »Wenn man imstande ist, die romantische und emotionale Einstellung zu überwinden, dann entdeckt man die Wahrheit selbst am Spültisch.« Trotz dieser Aussage ist die Küche gemeinhin nicht der optimale Ort, mit Meditation zu beginnen. Um die geeignete Umgebung zu finden, sollten Sie sich Zeit nehmen. Versuchen Sie, Ihre Wohnung, Ihre ganz normale tägliche Wohnsituation bewußt wahrzunehmen. Wählen Sie eine ruhige Tageszeit und entspannen Sie sich. Vielleicht legen Sie Ihre Lieblingsschallplatte auf oder hören eine Kassette, die Sie besonders gern mögen. Gehen Sie durch Ihre Wohnung und formulieren Sie, ohne eine Pause zu machen, was Sie in jedem Moment bei diesem Streifzug durch Ihre eigenen vier

Wände empfinden und wahrnehmen. Sagen Sie leise vor sich hin: »Jetzt empfinde ich... Jetzt nehme ich wahr... Jetzt spüre ich...« Kommentieren Sie Ihre Empfindungen und Wahrnehmungen nicht, sondern stellen Sie lediglich wertfrei fest, was momentan in Ihnen geschieht.

Auf diese Art und Weise werden Sie nach einiger Zeit Plätze in Ihrer Wohnung finden, die Ihnen weniger sympathisch sind. Sie werden aber auch Stellen entdecken, die Sie besonders gern mögen. Ihr Lieblingsplatz sollte zum Ort Ihrer meditativen Übungen werden. In diesem Eck haben Sie das ganz starke Gefühl: Das ist *mein* Platz. Hier fühle ich mich wohl.

Diese Stelle sollten Sie künftig, wenn möglich, nur für Ihre Meditation benutzen – und für sonst nichts.

Wenn Sie diesem Verfahren folgen, werden Sie automatisch einen Bereich in Ihrer Wohnung auswählen, der ruhig ist und in dem Sie ungestört sind. Sorgen Sie dafür, daß Sie diesen Raum während der Meditation verdunkeln können. In den ersten Wochen meditativer Übungen erleichtert es Ihnen den Weg in die Versenkung, wenn Sie von Außenreizen nicht gestört werden. Später spielt die visuelle wie akustische Umgebung nicht mehr eine so große Rolle. Dann können Sie auch am besagten Spültisch oder in der U-Bahn auf dem Weg zu Ihrer Arbeitsstelle meditieren.

Hilfreich ist es auch, wenn Sie sich an Ihrem Meditationsort eine ganz besondere Atmosphäre schaffen und ein eigenes Meditationsritual entwickeln. Vielleicht tragen Sie zur Meditation immer eine besondere Kleidung, die Sie nicht einengen sollte. Manche Menschen legen an ihrem Meditationsort einen bestimmten Teppich aus, der nur zur Meditation verwendet wird. Wenn Sie Räucherstäbchen mögen, sollten Sie sich nicht scheuen, ein solches zu entzünden.

Meditieren Sie immer zur gleichen Zeit. Sie haben im ersten Teil dieses Buches schon gelesen, wie wichtig ein bestimmter Rhythmus für das Leben ist. Versuchen Sie, durch den Termin Ihrer täglichen Meditation einen derartigen Rhythmus herzustellen.

DIE HALTUNG

Meditation harmonisiert Körper und Seele. Sie baut psychische und körperliche Spannungen ab und erschließt neue Bewußtseinsebenen. Im Unterschied zur Schulmedizin und zu vielen psychotherapeutischen Methoden hat Meditation einen ganzheitlichen Ansatz. Voraussetzung und Ziel ist ein einheitliches Bewußtsein.

Vor allem westliche Menschen haben oft Schwierigkeiten, sich von ihrem polarisierten Denken und Verhalten zu lösen. Wir sind vom Intellekt geprägt und kopflastig. Körper und Gefühl sind verspannt. Diese Verspannungen summieren sich zu einem persönlichkeitseinschränkenden Komplex, der es schwierig macht, ins Zentrum des eigenen Wesens vorzustoßen.

Weil die Meditationstheorie davon ausgeht, daß sich physische und psychische Funktionen ununterbrochen beeinflussen, begnügt sie sich nicht damit, lediglich seelische Prozesse in Gang zu setzen. Ein wesentlicher Bestandteil aller Meditations-Methoden beschäftigt sich auch mit dem Körper. Ziel dieser Körperarbeit ist eine Entkrampfung und die Suche nach dem persönlichen Schwerpunkt. Die Experten sprechen davon, ein neues Körperbewußtsein zu fördern. Dieses neue Körperbewußtsein hat wichtige Funktionen im Vorfeld meditativer Übungen. Wir stellen Ihnen im

folgenden einige Methoden vor, mit deren Hilfe
Sie Ihren Körper neu kennenlernen, sich des Körpers bewußt werden, Ihren natürlichen Schwerpunkt finden und auf dieser Grundlage körperliche Verspannungen lösen können. Probieren Sie
einige dieser Übungen an dem von Ihnen gewähl-
ten Meditationsort aus. Konzentrieren Sie sich dabei ausschließlich auf die gewählte Übung. Vergangenheit und Zukunft haben keine Bedeutung
mehr für Sie. Sie befinden sich in der Gegenwart –
und nirgends sonst. Arbeiten Sie so lange an den
einzelnen Übungen, bis Sie das Gefühl haben, Ihren Körper zu kennen.

1. Übung: Einheit

Unbewußt empfinden viele Menschen ihren Körper nicht als Einheit. Er hört gleichsam am Nabel
auf und beginnt erst wieder am Knie. Die Zone da-
zwischen, der Unterleib mit den Sexualorganen, ist
uns unheimlich und wird nicht akzeptiert.
Ziel der ersten Körperübung ist es, diese Teilung in
einem mentalen Trainingsprogramm aufzuheben.
Wir setzen uns dabei entspannt auf einen Stuhl
oder in einen Sessel. Dann richten wir unsere Aufmerksamkeit auf den Kopf. Wir schlüpfen mit unserer Konzentration gleichsam unter die Schädel-
decke. In Gedanken sind wir unser Kopf. Dabei
summen wir unhörbar den höchsten Vokal, das ›i‹.

Wir gleiten nun mit unserer Aufmerksamkeit den Körper hinunter. Dabei gehen wir sehr konzentriert und langsam vor. Wenn wir den Hals, also den Übergang vom Kopf zum Körper, erreichen, summen wir das ›e‹. Sobald wir unsere Aufmerksamkeit in der Brust konzentrieren, denken wir ein offenes ›a‹. Wir gleiten tiefer und richten unsere Aufmerksamkeit auf den Magen mit dem korrespondierenden Vokal ›o‹. Schließlich erreichen wir unsere Geschlechtsorgane und denken ein tiefes ›u‹. Anschließend kehren wir in Gedanken zurück in den Kopf und beginnen die langsame und konzentrierte Erkundungsreise durch unseren Körper erneut. Wiederholen Sie diese Übung mehrmals.

2. Übung: Schwerpunkt

In der japanischen Sprache wird der körperliche Schwerpunkt des Menschen mit dem Wort ›Hara‹ bezeichnet. Hara bedeutet aber auch im übertragenen Sinn das Zentrum der Persönlichkeit.
Die zweite Übung ist eine Hara-Übung. Durch sie soll uns der eigene Schwerpunkt bewußt werden. Wir stellen uns dazu breitbeinig, kräftig und gerade hin. Die Arme lassen wir lose hängen. Unser Blick ist ins Unendliche gerichtet. Wir lenken unser Bewußtsein zuerst in die Füße, also dorthin, wo wir mit der Erde in Kontakt sind, und werden aufmerksam auf das, was wir mit den Füßen füh-

len. Wir spüren unser Gewicht, die Belastung auf Fersen und Ballen, und fühlen, daß unser ganzer Körper auf den Füßen ruht.

Anschließend horchen wir auf unseren Atem und fühlen seinen Rhythmus: das Einatmen, das Ausatmen, das Kommen und Gehen. Wir geben uns diesem Rhythmus hin und werden zu diesem Rhythmus. Dann nutzen wir den Beginn der Ausatem-Phase, um uns in den Schultern zu entspannen. Beim Ausatmen lösen wir die Muskelkontraktionen und lassen unsere Schultern locker hängen. Wir drücken sie nicht bewußt nieder, sondern lassen los – ebenso, wie wir ganz entspannt die verbrauchte Atemluft aus unseren Lungen lassen. Am Ende der Ausatem-Phase verwenden wir die lösende Energie des Atemrhythmus, um uns auch im Becken zu entspannen. Wir lösen alle Muskelkontraktionen und lassen uns innerlich im Becken nieder. Dabei werden wir feststellen, daß dieses Loslassen nicht so einfach ist, wie es klingt. Viele Menschen sind im Becken-Bauch-Bereich und im Gesäß chronisch verspannt. Offenkundig fürchten wir uns vor der Entspannung, was häufig ein Zeichen der Angst und der Verdrängungen ist.

Im zweiten Übungsschritt versuchen wir nun, beim Ausatmen die Lockerungsphasen von Schultern und Becken harmonisch ineinanderfließen zu lassen. Wir atmen ein und spüren die neue Energie, die uns eine angenehme Spannung gibt. Wir atmen aus und lösen dabei diese Spannung, bis wir zu einer tiefen Gelassenheit in der Lage sind. Schließlich fühlen wir uns breit verwurzelt in der Erde, gleichsam als Pyramide, die sicher und fest steht und sich nach oben verjüngt. Wiederholen Sie diese Hara-Übung an mehreren Tagen hintereinander, bis Sie das Gefühl haben, sich innerlich an den Schultern und im Becken-Raum völlig entspannt lösen zu können.

3. Übung: Lotos-Sitz

Bei fast allen Meditationsübungen sitzen wir. Wir suchen unseren Körperschwerpunkt und richten Wirbelsäule und Kopf in einer geraden Linie über diesem Schwerpunkt auf. Am geeignetsten für diese korrekte und meditationsfördernde Haltung ist für westliche Menschen der sogenannte »gemilderte Lotos-Sitz«. Wir setzen uns auf ein ca. 10 cm hohes Kissen, ohne uns anzulehnen. Dabei sitzen wir so weit vorn, daß die Knie etwas tiefer sind als der Sitz. Wir öffnen die Knie locker nach außen. Die Beine kreuzen wir nahe den Knöcheln, so daß die Außenränder der Füße den Boden berühren. Die Hände legen wir wie zwei Schalen im Schoß übereinander, die rechte in die linke. Die Handgelenke ruhen auf den Oberschenkeln, die Handkanten berühren den Unterleib. Die Daumen sind aufgerichtet, ihre Spitzen aneinandergelegt. Jetzt rekken und strecken wir den Oberkörper hoch auf. Dann lassen wir ihn leicht in Richtung der Schwerkraftlinien in die Hüften sinken. Das ist ein ganz entspannter Vorgang, bei dem kein gekrümmtes Rückgrat entstehen darf.

Den Oberkörper lassen wir anschließend leicht in alle Richtungen pendeln und kreisen, bis wir spüren: Jetzt sitzt der Schwerpunkt genau über dem Stützpunkt. Wir sind im Gleichgewicht, der Oberkörper balanciert mühelos. Wir öffnen die Augen nur halb und blicken auf einen etwa 150 Zentimeter entfernten Punkt auf dem Boden.

Diese Übung sollten Sie mehrere Tage lang jeweils morgens und abends fünf Minuten lang trainieren. Versuchen Sie, sich dabei völlig zu entspannen und ganz locker und bewegungslos im Lotos-Sitz zu bleiben. Beenden Sie diese Übung – wie später auch jede Meditation – nie abrupt. Atmen Sie am Ende der fünf Minuten einmal tief ein und aus. Bewegen Sie Kopf und Hals, dann die Schultern, während alles andere ruhig bleibt. Öffnen Sie jetzt Ihre verkreuzten Füße, und lösen Sie die ineinandergelegten Hände. Dann öffnen Sie die Augen, stehen auf und kehren wieder in Ihren Alltag zurück. Versuchen Sie nun aber, die im Lotos-Sitz erfahrene Ruhe auch auf Ihr normales Leben zu übertragen. Seien Sie gelöst, entspannt und gelassen.

Alternativen zum Lotos-Sitz

Wenn Sie sich im oben geschilderten gemilderten Lotos-Sitz nicht besonders wohl fühlen, gibt es verschiedene Alternativen zu ihm. Eine Meditationshaltung soll nie gezwungen sein, sonst kann sie ihre Wirkung nicht erzielen. Im folgenden stellen wir Ihnen einige weitere Sitzpositionen vor.

Der ägyptische Sitz: Sie sitzen auf einem Stuhl. Die Füße stehen aber nebeneinander fest auf dem Boden, die Knie bleiben zusammmen, Ihre Hände legen Sie mit der Handfläche auf die Oberschenkel. Wie beim Lotos-Sitz richten Sie Rückgrat und Kopf über dem Körperschwerpunkt auf. Die Nasenspitze befindet sich senkrecht über dem Bauchnabel.

Wenn Sie gern im *Schneidersitz* meditieren wollen – es spricht nichts dagegen. Voraussetzung ist allerdings, daß Sie eine so stabile Haltung finden, daß Sie nicht nach hinten überkippen. Auch beim Schneidersitz muß der Oberkörper entspannt aufgerichtet sein und ganz im Körperschwerpunkt ruhen.

Einige Leute beherrschen den *echten Lotos-Sitz*. Dabei sitzt man auf einem flachen Kissen. Der rechte Fuß der verschränkten Beine liegt auf dem linken Oberschenkel, der linke Fuß auf dem rechten Oberschenkel. Die Hände sind wie beim gemilderten Lotos-Sitz im Schoß ineinandergelegt, der Oberkörper aufgerichtet. Die halbgeschlossenen Augen richten sich auf einen Punkt auf dem

Boden, der etwa einen Meter entfernt ist. Erfahrungsgemäß ist der echte Lotos-Sitz für meditative Übungen sehr gut geeignet. Er muß aber korrekt ausgeführt werden, wobei besonders auf die aufrechte Haltung des Oberkörpers geachtet werden soll.

Eine besonders entspannende Sitzhaltung ist der *Fersensitz.* Dabei kniet man auf einer Decke und läßt sich nach hinten hinunter, bis man auf den eigenen Fersen sitzt. Die Außenseiten der Fußknöchel sollen dabei flach auf dem Boden liegen, die großen Zehen sich berühren. Der Oberkörper muß aufgerichtet sein.

Grundsätzlich ist es ungünstig, wenn Sie beim Meditieren *liegen.* Die vorher geschilderten Sitzhaltungen sind eine erprobte Kombination, um im Körper ein Gleichgewicht aus Entspannung und positiver Spannung zu erreichen. Wenn wir dagegen liegen, besteht die Gefahr, während der Meditationsphase einzudösen. In einigen wenigen Meditationen und bei Imaginationen wird aber dennoch aus bestimmten Gründen das Liegen empfohlen. Wir weisen dann gesondert darauf hin.

4. Übung: Verlagern des Schwerpunkts

Setzen Sie sich dazu in der von Ihnen als am geeignetsten empfundenen Position nieder und sammeln Sie Ihre Aufmerksamkeit im Kopf – genau an der Stelle, mit der Sie denken: im Gehirn. Versuchen Sie, Ihr Gehirn zu fühlen, die beiden Hälften, die Nervenverbindungen. Machen Sie sich das ganz bewußt, bevor Sie Ihre Aufmerksamkeit langsam wie einen rinnenden Tropfen dicken Öls durch den Hals bis zur Brust hinuntergleiten lassen. Verharren Sie dort mit Ihrer Konzentration. Nehmen Sie Ihre Brust wahr. Fühlen Sie, wie sich die Lungenflügel im Rhythmus des Atmens füllen und leeren. Langsam sinkt Ihre Aufmerksamkeit, der Schwerkraft folgend, tiefer, bis in die Mitte des Körpers. Sie passiert den Nabel und stoppt erst im Unterleib, knapp oberhalb der Stelle, an der Sie im Lotos-Sitz Ihre Hände ineinandergelegt haben. Hier ist Ihr Schwerpunkt. Hier fühlen Sie sich entspannt, wie das Pendel einer Uhr, das endlich im tiefsten Punkt seiner Bahn Ruhe gefunden hat. Bleiben Sie mit Ihrer Aufmerksamkeit in Ihrem Schwerpunkt, bis Sie ihn wirklich empfinden können.

DIE ATMUNG

Der Atem ist die Grundlage allen Lebens. In der biblischen Schöpfungsgeschichte hauchte Gott dem von ihm geschaffenen Menschen das Leben ein. Erst dadurch wurde Adam zu einem Seelenwesen. Der Atem symbolisiert, wie bereits erwähnt, auch am eindrucksvollsten die Polarität. Wir atmen ein und aus, aber keiner dieser beiden Vorgänge ist isoliert möglich. Einatmen bedingt Ausatmen, dem Ausatmen folgt das Einatmen. Der Atemvorgang beinhaltet den Grundrhythmus des Lebens. Ohne diesen Rhythmus wäre Leben nicht möglich. Es ist kein Zufall, daß das griechische Wort Psyche sowohl Hauch als auch Seele bedeutet. Psychologen haben einen engen Zusammenhang zwischen dem Atmen und unserem seelischen Zustand erkannt. Das Einatmen steht in diesem Denkmodell für das In-Besitz-Nehmen, für den Aufbau von Spannung, und das Ausatmen bedeutet loslassen, sich öffnen, entspannen.

Unter diesem Gesichtspunkt betrachtet, ist es kein Wunder, daß die meisten Menschen in den zivilisierten Gesellschaften gierig einatmen, aber unzureichend ausatmen. Unfähig, sich und überhaupt loszulassen, bauen sie immer neue Spannungen in sich auf. Die Folge ist dann häufig Atemnot. Weil sie die Lungen beim mangelhaften Ausatmen nicht vollständig leeren können, ist es auch nicht möglich, das volle Lungenvolumen für das Einatmen auszunutzen. Hier setzen die Vorübungen der Meditation an. Es ist wichtig, richtig zu atmen. Dadurch entsteht automatisch das richtige Verhältnis aus Spannungsauf- und Spannungsabbau. Mit einer Reihe von Übungen können Sie diesen Prozeß fördern und eine optimale Atemtechnik entwikkeln, die nicht nur der Meditation dienlich ist, sondern auch Ihr Wohlbefinden im Alltag vergrößert.

1. Übung: Beobachten

Begeben Sie sich in die von Ihnen gewählte Meditationshaltung. Achten Sie noch einmal darauf, daß Ihr Oberkörper aufgerichtet ist, und beobachten Sie entspannt Ihren Atem, ohne zu werten, was Sie dabei entdecken. Folgen Sie Ihrem Atemrhythmus. Spüren Sie das Einatmen und das Ausatmen. Nehmen Sie beide Vorgänge und die kleine Pause nach dem Ausatmen bewußt wahr. Holen Sie damit die unbewußten Steuerungsmechanismen des Atemvorgangs in Ihr Bewußtsein. Sie werden feststellen, daß Sie plötzlich nicht mehr losgelöst von Ihrer Persönlichkeit Sauerstoff aufnehmen und die verbrauchte Luft abgeben. Sie merken, daß Sie Atem sind, spüren, wie Sie sich öffnen, Energie und Spannung aufnehmen und im Ausatmen eine Entspannung erreichen, die Sie fähig macht, beim nächsten Luftholen neue Kräfte zu schöpfen.

2. Übung: Bewußtwerden

In dieser Atemübung gehen Sie einen Schritt über die Beobachtung hinaus. Sie werden sich schnell des Atmens bewußt, indem Sie damit einige Experimente anstellen. Wir haben uns alle angewöhnt, das Einatmen zu betonen, das Ausatmen zu unterdrücken und die kleine Ruhepause vor dem erneuten Einatmen bis zur Unkenntlichkeit zu verkürzen. Ausatmen hat aber viel mit körperlicher und seelischer Entspannung zu tun. Sie sollten sich deshalb zunächst diese Phase bewußt machen.

Setzen Sie sich dazu in Ihrer Meditationshaltung hin. Entspannen Sie sich, und beginnen Sie dann eine kontrollierte Atemübung. Atmen Sie etwa eine Sekunde lang tief ein. Indem Sie dabei innerlich die Zahl ›einundzwanzig‹ langsam sprechen, haben Sie eine Meßeinheit für die Sekunde. Atmen Sie dann betont aus. Auch diese Phase der Übung sollte etwa eine Sekunde dauern. Zählen Sie dabei ›zweiundzwanzig‹. Verharren Sie nun, ohne sofort wieder einzuatmen, in diesem Zustand. Zählen Sie dabei innerlich von ›dreiundzwanzig‹ bis ›dreißig‹. Sie werden vielleicht spüren, wie lang Ihnen diese acht Sekunden vorkommen.

Womöglich ergreift Sie auch ein Gefühl der Panik: »Ich habe zuwenig Luft.« Versuchen Sie, dem Zwang zum vorschnellen Einatmen bei dieser Übung zu widerstehen. Atmen Sie erst dann wieder ein, wenn Sie in aller Ruhe bis ›dreißig‹ gezählt haben.

Trainieren Sie dieses kontrollierte (Aus-)Atmen so lange, bis Sie es wirklich beherrschen, und versuchen Sie dabei, in der Entspannungsphase zwischen den beiden Atemzügen vollkommen gelassen und ganz auf die Leere in Ihrer Lunge konzentriert zu verharren.

3. Übung: Zwerchfellatmen

Kinder atmen unbewußt richtig. Erst in der Pubertät verändert sich die Atemtechnik des Menschen. Er steuert seine Atmung dann nicht mehr mit dem Zwerchfell, sondern mit der Brustmuskulatur. Die natürliche Atemweise ist dies jedoch nicht. Natürlich, und im Sinne der Meditation einem größeren körperlichen wie seelischen Wohlbefinden dienlich, ist die Zwerchfellatmung, die man mit einigem Üben wieder lernen kann.
Stehen Sie auf, und legen Sie die linke Hand auf die Magengrube unmittelbar oberhalb des Nabels. Tropfen Sie sich Parfüm auf die rechte Hand, halten Sie diese vor Ihre Nase und schnuppern Sie in kurzen Zügen daran. Meist werden Sie bei dieser Übung automatisch wieder Ihr Zwerchfell einsetzen. Sie merken das daran, daß Ihre linke Hand auf dem Bauch in kleinen Stößen bewegt wird. Üben Sie das so lange, bis Sie auch bei normalen Atemzügen nicht mehr nur Brust und/oder Bauch blähen, sondern mit dem Zwerchfell atmen.

Eine gute Übung können Sie auch morgens kurz nach dem Aufwachen durchführen. Wenn Sie auf dem Rücken schlafen, atmen Sie über Nacht meist ohnehin mit dem Zwerchfell. Bleiben Sie so liegen und legen Sie vorsichtig eine Hand auf den Magen. Dort können Sie fühlen, ob Sie richtig atmen. Wenn sich diese Körperstelle bei jedem Atemzug sanft bewegt, benutzen Sie das Zwerchfell. Machen Sie sich diesen Vorgang bewußt. Durch einige Wiederholungen kann er dann gestärkt, verfestigt und zur Gewohnheit werden.

DIE INNERE EINSTELLUNG

Meditation ist ein Prozeß, der während der meditativen Übungen seinen Höhepunkt findet. Wichtigste Grundvoraussetzung dazu ist jedoch, daß Sie mit der Meditation keinen Zweck verfolgen. Wenn Sie meditieren, um ruhiger zu werden, besser schlafen zu können, weniger grippeanfällig zu sein, so ist das fast schon die Garantie dafür, daß dies nicht eintritt. Sie werden weder Entspannung noch irgendwelche anderen positiven Wirkungen der Meditation spüren, weil Sie Ihr Alltagsbewußtsein auf die Meditation übertragen. Dieses kann nur dann geschehen, wenn Sie sich – zunächst wenigstens vorübergehend – von den Zwängen des Alltags lösen können, der die ganze Welt in Pole zerlegt und keine Gesamtschau ermöglicht.

Meditation bedingt also eine innere Einstellung, die verschieden ist von unserem Alltagsbewußtsein. Machen Sie sich diese Voraussetzung klar, bevor Sie mit der Meditation beginnen. Lösen Sie sich von der Vorstellung, daß alles einen konkreten Zweck haben muß, daß jedes Handeln zielgerichtet ist und nur dazu da, ein Defizit auszugleichen. Nehmen Sie einfach an, was Ihnen während der Meditation über Sie selbst und über Ihren Standort in der Welt offenbart wird. Seien Sie offen für neue Erfahrungen. Nur dann können Sie sich weiterentwickeln.

Beim Meditieren befinden Sie sich auf dem Weg zu Ihrem innersten Wesen. Im Vorbeigehen – das haben wir im ersten Teil dieses Buches geschildert – begegnen Sie alten Konflikten und verkapselten Problemen, die tief in Ihnen verborgen sind. Sie werden sich dieser Inhalte Ihres Unterbewußtseins bewußt und erleben einen Lösungsvorgang, der Sie befreit. Das hat Folgen für Ihren Alltag zwischen den einzelnen meditativen Übungen. Normalerweise erfolgt das Aufspüren der verkapselten Konflikte, ihre Bewußtwerdung und die Lösung während der Meditation so behutsam, daß Sie keine gravierenden Schwierigkeiten haben, diese abgespaltenen Teile Ihrer Persönlichkeit zu integrieren. Gelegentlich entstehen aber Situationen außerhalb der meditativen Übungen, in denen Sie sich damit befassen müssen, die abgespaltenen Persönlichkeitsteile im Alltag wieder mit Ihrem wahren Wesen zu vereinigen. Dann können sehr starke Gefühle der Aggression, wie beispielsweise Haß, entstehen. Sie müssen lernen, mit diesen Gefühlen umzugehen. Das bedeutet: Sie dürfen diese Gefühle nicht wieder tief in sich vergraben, sondern müssen ihnen eine Chance geben, aus Ihnen herauszugelangen. Dafür gibt es einige Übungen.

1. Übung: Körperliches Abreagieren

Wut ist ein sehr tief sitzendes Gefühl. Mit Hilfe der Meditation wird es jedoch weiter nach oben befördert und kann dann befreit werden. Wir empfehlen Ihnen dafür vier Methoden. Ihrer Phantasie im Ausdenken individuell noch besser geeigneter Anti-Wut-Programme sind aber kaum Grenzen gesetzt – höchstens durch zu dünne und lärmdurchlässige Neubauwände und gesellschaftliche und gesetzliche Regeln.

Rennen und Atmen: Ziehen Sie einen Trainingsanzug an und rennen Sie los, raus in die Natur. Laufen Sie, so schnell Sie können, und atmen Sie möglichst tief ein und aus. Rufen Sie bei jedem Ausatmen laut »ha« oder »he«. Sie werden sich wundern, wie befreiend diese Kombination aus Atemübung und Jogging ist.

Knurren und Bellen: Rennen Sie herum, am besten im Freien, aber notfalls auch in der Wohnung, und hecheln Sie wie ein Hund. Lassen Sie die Zunge dabei heraushängen, bellen und knurren Sie. Das öffnet die Atemwege, fördert die richtige Zwerchfellatmung und löst die gestauten Gefühle.

Kissenschlacht: Eines der besten Mittel, um Wut zu lösen, ist ein Kissen. Lassen Sie all Ihre Wut an diesem Kissen aus. Beißen Sie es, treten Sie es, knallen Sie es an die Wand. Wenn Sie es ›umbringen‹ wollen, nehmen Sie ein Messer und ›ermorden‹ das

Kissen. Dies kommt Ihnen vielleicht lächerlich vor, aber die ganze Wut an sich ist lächerlich. Und das wird Ihnen möglicherweise bewußt, wenn Sie das Messer in der Hand haben.

Reden: Reden Sie mit jemandem über Ihre Gefühle, der Ihnen zuhören kann, ohne zu werten. Das muß nicht Ihr Partner sein; oft ist ein guter Freund der bessere Gesprächspartner. Sprechen Sie alles aus, was Sie empfinden, und Sie werden merken, wie befreiend die Verbalisierung Ihrer Gefühle sein kann.

Wichtiger Hinweis: In seltenen Fällen versagt die Selbstregulierungs-Automatik während der Meditation. Dann werden zu viele oder zu große Konflikte aus dem Unterbewußtsein in Ihr Wachbewußtsein gefördert. Gelegentlich sind Meditierende dann nicht mehr in der Lage, diese Häufung von Ängsten, Konflikten und negativ empfundener Bestandteile der Persönlichkeit zu integrieren. In solchen Fällen sollten Sie die Meditationsdauer verkürzen und einen Gesprächspartner suchen. Womöglich ist es dann nützlich für Sie, mit einem Psychotherapeuten oder einem erfahrenen Meditationslehrer Kontakt aufzunehmen.

Wir haben damit Begleiterscheinungen der Meditation geschildert, die sehr selten auftreten. Wenn sie sich aber zeigen, werden sie meistens als beängstigend empfunden. Sie gehören zu der Seite unseres Wesens, von der wir am liebsten gar nichts wissen möchten. Deshalb haben wir sie so lange verdrängt. Die Meditation erwartet von Ihnen (entwickelt aber auch in Ihnen) eine Änderung Ihrer Einstellung. Sie müssen lernen, daß zu Ihrer Person nicht nur diejenigen Seiten gehören, die von Ihnen und Ihrer Umgebung für positiv gehalten werden. Auch als negativ diskriminierte Empfindungen und Verhaltensweisen haben eine Funktion im Gesamtbild Ihrer Persönlichkeit. Wenn Sie das innerlich anzuerkennen bereit sind, werden Sie diese Phänomene in Ihre Persönlichkeit integrieren können.

Meditation öffnet Ihr Bewußtsein auch im Alltag. Sie werden feststellen, daß Sie bewußter und damit sicherer im ganz normalen Leben stehen werden. Das ist gleichzeitig Voraussetzung und Folge meditativer Übung. Meditation verlangt von Ihnen geradezu, die Erfahrungen, die Sie während der Versenkung machen, im Alltag zu verarbeiten. Sie müssen lernen, sich selbst mit all Ihren guten und schlechten Seiten, also als vollständiges Individuum, zu akzeptieren. Wenn Sie das schaffen, werden Sie zufriedener, ruhiger, glücklicher und toleranter werden.

Anderenfalls haben Sie Meditation falsch verstanden: nämlich als Flucht. Dazu aber taugt Meditation nicht. Sie will Ihnen die Möglichkeit geben, ganz im ›Hier und Jetzt‹ zu sein. Das ›Hier und Jetzt‹ aber ist Ihr Alltag. Es gibt folgende Übung, mit der Sie empfinden können, was es bedeutet, im ›Hier und Jetzt‹ zu sein.

2. Übung: Bewußtheit

Wenn Sie morgens aufwachen, sagen Sie sich: »Ich nehme alles bewußt wahr. Ich tue alles ganz bewußt. Ich bin hier, und ich bin jetzt hier.« Versuchen Sie dann, nichts mehr automatisch zu tun. Wenn Sie mit dem linken Bein zuerst aus dem Bett steigen, machen Sie sich diesen Vorgang bewußt. Stellen Sie den Fuß bewußt auf den Boden. Fühlen Sie den Boden, die Berührung und die Bewegung Ihres Körpers. Gehen Sie ganz bewußt ins Badezimmer. Waschen Sie sich ganz bewußt. Nehmen Sie die Zahnbürste bewußt in die Hand, und fühlen Sie jede Bewegung mit, wenn Sie sich die Zähne putzen. Sie werden feststellen, wie viele Dinge und Handlungen Sie bisher automatisch, unbewußt getan haben. Bewußtheit ist ein ganz persönliches De-Automatisierungs-Programm für Sie.

DIE VORBEREITUNG

Je besser Sie auf die Meditation vorbereitet sind, desto schneller werden Sie auf den Weg zu Ihrem innersten Zentrum gelangen – und desto weniger Zeit verstreicht, bis Sie die »Wirkungen« der meditativen Übungen erkennen können: Identitätsfindung, Gelassenheit, Wohlbefinden, Toleranz und größere Bewußtheit. Sie sollten sich deshalb vor jeder Meditation psychisch und physisch auf die Übung vorbereiten. Während wir bislang über grundsätzliche Vorbereitungen in der Zeit vor Meditationsbeginn gesprochen haben, geht es jetzt um die Einstimmung in den Minuten, bevor Sie meditieren. Treffen Sie folgende Vorbereitungen:

■ Sorgen Sie dafür, daß Sie nicht gestört werden. Stellen Sie das Telefon in einen anderen Raum oder nehmen Sie den Hörer ab. Schalten Sie die Wohnungsklingel aus oder klemmen Sie ein Stückchen Pappe zwischen Glocke und Klöppel. Schließen Sie die Tür zu dem Zimmer, in dem Sie meditieren wollen. Wenn noch andere Personen im Haus sind, bitten Sie darum, nicht gestört zu werden. Möglicherweise empfiehlt es sich, ein Schild an die Tür zu hängen: »Bitte nicht stören.«

■ Meditieren Sie allein, es sei denn, Sie beteiligen sich an einer Meditationsgruppe. Haustiere haben bei der Meditation nichts zu suchen.

■ Stimmen Sie sich innerlich ein. Verbannen Sie dazu Vergangenheit und Zukunft aus Ihren Gedanken. Vergessen Sie alle Sorgen und Verpflichtungen. Machen Sie sich frei von allem, was jenseits Ihrer Zimmertür geschieht. Stellen Sie sich vor, daß dicke Polster Sie nicht nur von Umweltgeräuschen, sondern auch von allen anderen Einflüssen isolieren. Sie sind nur im ›Hier und Jetzt‹. Alles andere ist bedeutungslos.

■ Nehmen Sie sich Zeit. Sie dürfen bei der Meditation nicht unter Termindruck stehen. Sie müssen während der Meditation das Gefühl aufbauen können, die Zeit stehe still. Dies unterscheidet Ihr Gefühl von Ihren Alltagsempfindungen, die Ihnen so oft den Eindruck geben, von den Zeigern der Uhr durchs Leben gehetzt zu werden.

■ Seien Sie entschlossen. Wenn Sie meditieren, meditieren Sie ganz und tun sonst nichts. Ein unverbindliches Probieren gibt es nicht.

■ Werden Sie ruhig. Ruhig sein bedeutet, die Bewegung zu stoppen und Muskeln und Atem zu entspannen.

Unmittelbar vor der Meditation können Sie eine der folgenden Übungen durchführen, die Ihnen bei der Beruhigung und Entspannung des Körpers helfen.

Eutonische Grundübung

Bei dieser Übung verbalisieren Sie laut all Ihre körperlichen Empfindungen. Dadurch gelingt es Ihnen, Ihr Körperbewußtsein zu verinnerlichen. Sprechen Sie aber dabei nicht ununterbrochen. Lassen Sie sich zwischen den einzelnen Sätzen genug Zeit, um Ihren Empfindungen nachzuspüren. Sagen Sie beispielsweise, wenn Sie sich auf Ihren Oberschenkel konzentrieren: »Ich fühle, wie sich Haut und Boden berühren... Ich empfinde ein Gefühl der Kälte... Jetzt spüre ich, wie das Blut durch die Adern pulst... Mein Oberschenkel wird jetzt wärmer, das ist ein schönes Gefühl...« usw.

Legen Sie sich auf eine harte Unterlage, zum Beispiel auf eine Decke am Boden. Sie liegen auf dem Rücken, Beine und Füße nebeneinander, die Arme ausgestreckt neben dem Körper. Sie können die Augen schließen, wenn Sie möchten. Entspannen Sie sich zunächst, hören Sie auf Ihren Atem und werden Sie ruhig. Richten Sie dann Ihre Aufmerksamkeit auf die Haut. Beginnen Sie im Bauch-Bekken-Bereich und beim Gesäß. Konzentrieren Sie sich auf Ihre Empfindungen, jeweils oben und unten. Gehen Sie anschließend mit Ihrer Aufmerksamkeit weiter, zum Beispiel in folgender Reihenfolge: linker Oberschenkel – linkes Knie – linker Unterschenkel – linkes Fußgelenk – linker Fuß – alle Zehen – rechter Oberschenkel – rechtes Knie – rechter Unterschenkel – rechtes Fußgelenk – rechter Fuß – alle Zehen – wieder Bauch/Becken/Gesäß – Brust und Rücken – linke Schulter – linker Oberarm – linker Ellbogen – linker Unterarm – linkes Handgelenk – linke Hand – alle Finger – rechte Schulter – rechter Oberarm – rechter Ellbogen – rechter Unterarm – rechtes Handgelenk – rechte Hand – alle Finger – Hals und Nacken – Hinterkopf – Scheitel – Gesicht.

Fühlen Sie nun in dieser Reihenfolge noch einmal durch Ihren Körper. Diesmal richten Sie Ihre Aufmerksamkeit jedoch auf die Innenräume. Wenn Sie sich also auf den Oberarm konzentrieren, lenken Sie Ihre Aufmerksamkeit auf das, was unter der Haut ist. Dieses Verfahren fällt leichter, wenn Sie Ihre Aufmerksamkeit spiralförmig an der Innenwand (wie an der Innenwand eines Rohres) entlanglenken. Bei dieser Übung stellt sich oft ein Gefühl der Helle ein. Ihr Innenraum ist dann leicht und hohl.

Der dritte Schritt wird »nondirektives Ertasten« genannt. Dabei lauschen Sie einfach in Ihren Körper hinein und formulieren laut, was Sie gerade wahrnehmen. Sie gehen dabei nicht zielgerichtet vor, sondern warten einfach ab, welcher Körperteil sich meldet. Dann sprechen Sie es aus und richten Ihre Aufmerksamkeit so lange auf diesen Körperteil, bis sich ein anderer meldet. Mit Hilfe dieser Übung lernen Sie Ihren Körper intensiv kennen und werden sich seiner bewußt. Später, nach einiger Erfahrung, können Sie diese Übung auch im Meditationssitz durchführen.

Kin-hin-Übung

Diese Übung wurde in japanischen Zen-Klöstern entwickelt. Es handelt sich um ein langsames, passives Gehen im Atemrhythmus, das Ihre Konzentrationsfähigkeit und Körperbeherrschung schult.

Stellen Sie sich zunächst etwa zwei bis drei Minuten lang leicht breitbeinig hin. Entspannen Sie sich und konzentrieren Sie Ihre Aufmerksamkeit, wie schon beschrieben, auf die Hara-Region im Unterleib. Dort liegt Ihr Schwerpunkt. Schließen Sie Ihre linke Hand um den Daumen zur Faust und legen Sie die Faust mit leichtem Druck – Knöchel nach oben – auf das Brustbein. Die rechte Hand liegt mit leichtem Druck des Handballens auf den Fingern der linken Hand. Die Unterarme stehen etwa waagrecht, die Schultern sind entspannt. Konzentrieren Sie sich jetzt auf Ihre Atmung. Betonen Sie das Ausatmen. Atmen Sie drei Sekunden lang aus und eine Sekunde lang ein. Warten Sie, bis Ihr Atem ruhig und rhythmisch wird. Dann setzen Sie die Ferse Ihres linken Fußes mit Beginn der Ausatem-Phase etwa zehn Zentimeter vor und verlagern langsam das Gewicht vom Absatz zum Fußballen. Gleichzeitig rollen Sie den rechten Fuß von der Ferse nach vorn in Richtung Ballen. Am Ende der ersten Ausatem-Phase stehen Sie also auf dem linken Fuß und berühren nur noch mit dem Ballen des rechten Fußes den Boden. Jetzt atmen Sie ein, ziehen dabei den rechten Fuß hoch und setzen ihn mit Beginn der neuen Ausatem-Phase mit der Ferse etwa zehn Zentimeter weiter vorn wieder auf. Diesen Vorgang wiederholen Sie abwechselnd in Ihrem Atemrhythmus.

Anfangs ist es vielleicht schwer, das Gleichgewicht zu halten. Sie erkennen daran, wie wenig Sie sich Ihrer Körperfunktionen bewußt sind. Später fällt es Ihnen nicht mehr schwer, in einer ununterbrochenen, gleichförmigen Bewegung Ihre Kin-hin-Übung zu absolvieren, ohne zu schwanken.

Wenn Sie auf diese Art einige Minuten lang passiv gegangen sind, bleiben Sie wieder stehen und entspannen sich zwei Minuten lang, während Sie sich auf Ihre Hara-Region konzentrieren. Dann gehen Sie zu Ihrem Meditationsplatz, setzen sich nieder und beginnen mit der Meditation.

Körperzentrierte Aufwärmübung

Bei dieser Übung entspannen Sie Ihren Körper, indem Sie ihn bewußt streicheln und kneten. Setzen Sie sich dazu hin, stellen Sie beide Füße nebeneinander, und ziehen Sie die Knie etwas an. Frauen beginnen nun, die Zehen des linken Fußes zu massieren, mit knetenden Handbewegungen den Unterschenkel hinaufzufahren, das Knie sowie den Oberschenkel zu massieren und dann von der Hüfte mit beiden Händen über den Körper zum Herzen zu streichen. Männer beginnen dieselbe

Übung an den Zehen des rechten Fußes. Dieser unterschiedliche Startpunkt der körperzentrierten Aufwärmübung hat mit den beiden Hirnhälften zu tun. Die aktive männliche Hemisphäre ist links und steuert die rechte Körperhälfte. Als feminine Hemisphäre gilt die rechte Hirnhälfte; sie steuert die linke Körperhälfte. Bei Männern liegt daher das Hauptgewicht auf der rechten Körperhälfte, während es bei Frauen umgekehrt sein sollte.

Massieren Sie anschließend das andere Bein nach derselben Methode, und streichen Sie vom Hüftgelenk her kräftig über den Körper in Richtung Herz.

Frauen wenden sich nun dem linken, Männer dem rechten Arm zu. Massieren Sie sich in streichenden und kreisenden Bewegungen von den Fingerspitzen bis zur Schulter und streichen Sie über die Brust zum Herzen. Dann fahren Sie mit massierenden Bewegungen der rechten Hand vom linken Schulterblatt über die linke Rückenseite bis zur Taille und über die linke Körpervorderseite in Richtung Herz. Dasselbe wiederholen Sie mit der linken Hand auf Ihrer rechten Körperseite. Männer gehen umgekehrt vor. Zuletzt streichen Sie kräftig mit den gespreizten Fingern beider Hände über Ihren Kopf sowie über Gesicht und Hals bis zum Herzen.

Viele Menschen empfinden bei dieser Übung ein wohltuendes Wärmegefühl, das den Körper merklich entspannt.

Muskuläres Tiefentraining

Diese Übung wurde von dem Arzt und Psychologen Uwe Stocksmeier entwickelt. Sie basiert auf den Erfahrungen mit isometrischen Übungen von der *»progressive relaxation«* des amerikanischen Verhaltenstherapeuten Jacobsen. Durch energische Muskelanspannung bis zur Schmerzgrenze und anschließende Entspannung gelingt eine körperliche Desensibilisierung, die Auswirkungen auf Ihre Psyche hat.

Setzen Sie sich locker, aber gerade auf einen Stuhl, winkeln Sie die Arme rechtwinklig an, und ballen Sie die Fäuste vor der Brust. Schließen Sie die Augen, atmen Sie tief durch, und konzentrieren Sie Ihre Aufmerksamkeit auf Arme und Hände. Spannen Sie dann die Fäuste so stark wie möglich an, danach die Unterarme und zum Schluß die Oberarme. Versuchen Sie, die Spannung so lange aufrecht zu halten, bis der Arm zittert. Erst dann lassen Sie los und die Arme locker fallen. Atmen Sie dabei gleichmäßig weiter. Schließlich spannen Sie Hände und Arme noch einmal kurz an, um dem Körper das Ende des Trainings zu signalisieren.

Bleiben Sie sitzen, und heben Sie jetzt die Fersen der nebeneinanderstehenden Füße leicht an. Atmen Sie gleichmäßig, und spannen Sie dann die Fußmuskeln, die Muskulatur der Unterschenkel und der Oberschenkel bis zur Schmerzgrenze. Der übrige Körper bleibt ganz locker. Sie vergessen nicht, gleichmäßig weiterzuatmen. Lassen Sie dann los. Während der Entspannungsphase schließen Sie die Augen und genießen das Gefühl der Entspannung.

Prüfen Sie nun, wo Ihre Brustmuskeln sitzen. Schließen Sie dazu die Augen, winkeln Sie die Unterarme an, und atmen Sie tief durch. Dann pressen Sie die Achseln so fest zusammen, als müßten Sie mit ihnen ein Blatt Papier festhalten. Stoppen Sie die Spannung erst, wenn Sie die Schmerzgrenze erreichen. Dann lassen Sie los, pendeln Arme und Schultern leicht nach hinten aus und atmen entspannt.

Sie setzen sich wieder mit angewinkelten Armen auf Ihren Stuhl, atmen einen Moment lang tief durch und ziehen dann die Schultern bis zu den Ohren. Der Kopf bleibt zunächst gerade. Vergessen Sie nicht zu atmen. Anschließend drücken Sie – mit hochgezogenen Schultern – Ihren Kopf nach hinten in den Nacken, bis ein wirklich unangenehmes Gefühl entsteht. Lassen Sie erst dann Ihren Kopf und die Arme entspannt nach vorn fallen. Atmen Sie. Bewegen Sie nun den Kopf langsam hin und her, das Kinn bleibt aber auf der Brust. Entspannen Sie sich langsam und gründlich.

Bei der letzten Übung des muskulären Tiefentrainings sitzen Sie wieder mit angewinkelten Armen auf dem Stuhl. Atmen Sie normal, und konzentrieren Sie sich auf Ihren Rücken. Drücken Sie nun Ihre Schultern so weit nach hinten, als wollten Sie einen Bleistift zwischen den Schulterblättern festklemmen. Beugen Sie den Kopf dabei leicht nach vorn, und atmen Sie während der ganzen Übung ruhig und regelmäßig. Erhalten Sie die Muskelspannung so lange aufrecht, bis Sie die Schmerzgrenze erreichen. Lassen Sie dann Kopf und Arme nach vorn fallen. Entspannen Sie sich, und genießen Sie die Entspannung. Vielleicht kreuzen Sie auch die Arme vor der Brust und umfassen locker den Rücken. Das fördert die Dehnung der Armmuskeln.

Das muskuläre Tiefentraining ist dann erfolgreich, wenn Sie nach Anspannung und Entspannung ein intensives Wärmegefühl in den beteiligten Muskeln wahrnehmen, wie Sie es von einer ausgiebigen Massage her kennen. Falls Sie nach dieser Übung Kopfschmerzen haben, ist das ein Zeichen dafür, daß Sie während der Muskelkontraktion vergessen haben zu atmen.

Lebenskraftübung

Diese Übung beteiligt die Chakren. Das sind nach einem indischen Denkmodell sieben psychisch-physische Energiefelder in der Umgebung der Wirbelsäule:

- Das Wurzel-Chakra liegt an der Basis des Rückgrats.
- Das Sexual-Chakra liegt über der Milz.
- Das Nabel-Chakra befindet sich am Nabel.

- Das Herz-Chakra liegt über dem Herzen.
- Das Hals-Chakra befindet sich an der Vorder-
  seite des Halses.
- Das Stirn-Chakra oder ›Dritte Auge‹ liegt zwi-
  schen den Augenbrauen.
- Das Scheitel-Chakra liegt am Scheitel des Kopfs.

Bei der Lebenskraftübung stehen Sie aufrecht, die
Arme hängen seitlich am Körper. Entspannen Sie
sich, und richten Sie Ihre Aufmerksamkeit auf das
Hara, Ihren Schwerpunkt im Unterleib. Wenn Sie
ganz entspannt sind, schließen Sie die Augen und
konzentrieren sich auf das ›Dritte Auge‹, das über
Ihrer Nasenwurzel zwischen den Augenbrauen
liegt. Stellen Sie sich beim Einatmen vor, daß eine
kosmische Energie sanft über Ihr Scheitel-Chakra
in Sie einströmt. Diese Lebenskraft fließt langsam
und warm nach unten. Sie passiert Ihren Kopf, teilt
sich im Halsbereich und füllt in zwei Strömen Ihren ganzen Körper. Schließlich erreicht die Lebenskraft am Ende der Einatem-Phase den rechten
Fuß. Spannen Sie dort die Muskeln an und lassen
Sie los, während Sie ausatmen. Es entsteht ein Gefühl, als atme Ihr Fuß.

In der nächsten Atem-Phase fließt die Kraft in Ihren linken Fuß. Sie spannen die Muskulatur und
lösen sie wieder beim Ausatmen.
So fühlen Sie die kosmische Energie nacheinander
im ganzen Körper: in den Waden, im Knie, im
Oberschenkel, im Gesäß, in der unteren Bauch-

muskulatur, im Brustkorb, in der Hand, im Unterarm, im Ellbogen, im Oberarm, in den Schultern, im Nacken, in der Halsmuskulatur und im Gesicht.

Lassen Sie die Energie einströmen, spannen Sie die Muskeln an, fühlen Sie die Energie und lösen Sie sich beim Ausatmen. Ihre Konzentration bleibt dabei immer im ›Dritten Auge‹.

Pranayama-Übung

Die Pranayama-Übung kann unmittelbar vor Beginn der Meditation praktiziert werden. Setzen Sie sich dazu in Meditationsstellung hin und entspannen Sie sich kurz. Legen Sie den Zeigefinger der rechten Hand auf Ihre Nase; die Fingerspitze berührt das ›Dritte Auge‹ zwischen den Augenbrauen, der Daumen liegt locker auf dem rechten Nasenflügel, der gekrümmte Mittelfinger auf dem linken. Verschließen Sie nun mit dem Daumen das rechte Nasenloch, und atmen Sie kräftig durch das linke Nasenloch aus. Machen Sie eine kurze Atempause, und atmen Sie dann durch das linke Nasenloch tief ein. Anschließend geben Sie das rechte Nasenloch frei und blockieren mit dem Mittelfinger das linke. Atmen Sie durch das rechte Nasenloch aus und wieder ein. Dann wechseln Sie wieder zum linken Nasenloch usw.

Atmen Sie in Ihrem eigenen Rhythmus auf diese

Weise etwa zehnmal tief ein und aus. Schließen Sie dabei auf keinen Fall die Augen, denn bei dieser Übung können große Energieströme frei werden, die Sie unter Umständen schwindlig machen.

Wenn die Nase frei ist, sind Sie ganz wach und ganz bewußt. Sie können mit der Meditation beginnen.

Wählen Sie unter den in diesem Kapitel beschriebenen Übungen diejenige aus, die Ihnen am sympathischsten erscheint. Verlassen Sie sich dabei auf Ihr Gefühl.

Einige Übungen sprechen mehr die Ratio an, das westliche Denken, andere entstammen fernöstlichen Denkgewohnheiten. Doch alle Methoden erfüllen denselben Zweck: Sie bereiten Sie physisch und psychisch auf die eigentliche Meditation vor, beruhigen und entspannen Sie, bringen Ihre Energieströme zum Fließen und öffnen Sie für meditative Erfahrungen.

Machen Sie sich jetzt noch einmal einige wichtige Dinge im Zusammenhang mit der Meditation klar. Denken Sie daran, daß

■ Meditation frei von Absichten ist. Sie wollen nichts erreichen, sondern sich ganz einfach erfahren. Sie planen mit der Meditation nichts, sondern lassen geschehen und erkennen in dem, was geschieht, das wahre Wesen;

■ die Fähigkeit zum Schweigen eine Voraussetzung für Meditation ist. Damit ist nicht ängstli-
ches, feiges Verstummen oder ein unwissendes
Stocken der Sprache gemeint. Meditatives Schweigen ist wach, lebendig, raumschaffend, fruchtbar
und lebensspendend. Es ist ein Schweigen der In-
nerlichkeit, das Ihren Mund schließt, aber die Augen für neue Erfahrungen öffnet. Die erste Stufe
dieses Schweigens ist: nicht sprechen. Die zweite
Stufe bedeutet: auf Außenreize nicht antworten,
nicht reagieren.
Die dritte Stufe ist die innerliche Ruhe. Ihre
Sinne, Ihre Neugier, Ihre Vernunft, Ihr Mittei-
lungsdrang verstummen. Die vierte Stufe meditativen Schweigens ist eine Stille, die in die eigene
Tiefe horcht und erforscht, was dort verborgen
ist. Schweigen und Meditation bilden einen sich
selbst verstärkenden Regelkreis. Schweigen fördert die Meditation. Meditation fördert die Fähigkeit zur Stille;

■ Wach-Sein und Bereit-Sein zur Meditation gehören. Wach-Sein heißt zunächst, nicht zu schlafen. Es bedeutet aber auch eine Abkehr von Fata-
lismus und Resignation sowie eine Hinwendung
zur Bereitschaft, sich ernsthaft zu öffnen, sich an-
rühren zu lassen, zu empfinden und sich hinzuge-
ben an neue Erfahrungen und an das eigene innere
Wesen.
Ihr Wach-Sein macht Sie bereit, alles zu entdecken
und alles anzunehmen.

Wann Sie am besten meditieren: Meditationslehrer empfehlen, zweimal täglich etwa 20 Minuten lang zu meditieren. Vorher sollten Sie einige Zeit weder rauchen noch trinken oder andere Drogen konsumieren. Ungünstig sind auch üppige Mahlzeiten vor der Meditation. Die beste Meditationszeit ist morgens (nach dem Waschen, aber vor dem Frühstück) und am frühen Abend vor dem Essen. Falls Sie diese 40 Minuten (mit Vorbereitung vielleicht eine Stunde) täglich nicht entbehren können, meditieren Sie nur einmal. Wichtig ist aber, daß Sie regelmäßig meditieren. Es reicht nicht aus, alle paar Tage in der Meditationsecke zu verschwinden. Meditation ist ein Entwicklungsprozeß, der abbricht, wenn er nicht ständig fortgeführt wird.

Ihre innere Uhr: 20 Minuten beträgt die durchschnittliche Meditationszeit, doch Sie müssen selbst entscheiden, ob Ihnen das zuviel ist. Nach spätestens 20 bis 25 Minuten sollten Sie Ihre Meditation beenden. Stellen Sie sich aber auf keinen Fall einen Wecker entsprechend ein. Es wäre unheilvoll, wenn Sie plötzlich ein schrilles Geräusch aus der Konzentration und/oder Versenkung aufschrecken würde. Das Ende der Meditation muß sanft und behutsam erfolgen. Sie verbreitern dabei Ihre Aufmerksamkeit vom Meditationspunkt wieder auf Ihren Körper, auf Ihre Umgebung. Langsam kehren Sie aus der Versenkung in den Alltag zurück. Sie atmen mehrfach tief und bewußt ein und aus, lockern durch leichte Bewegungen Ihre

Muskeln und öffnen die Augen. Erst dann stehen Sie auf.

Die beste Methode, um das Ende der Meditationszeit zu erkennen, ist Ihre innere Uhr. Schauen Sie vor Meditationsbeginn auf eine Uhr, und prägen Sie sich die Zeit ein: »Jetzt ist es 18 Uhr, und ich werde um 18.20 Uhr aus der Meditation auftauchen.« Dabei stellen Sie sich die Zeigerstellung um 18.20 Uhr vor. Nach wenigen Tagen der Übung werden Sie feststellen, daß Sie sich auf Ihre innere Uhr verlassen können. Nur am Anfang tauchen Sie vielleicht einige Minuten zu früh oder zu spät auf, doch das ist nicht weiter schlimm.

Eine andere Methode ist, mit Hilfe eines Tonbandes zu arbeiten. Sie können mit ruhiger, gelassener und tiefer Stimme einen Meditationstext auf ein Tonband oder auf eine Kassette sprechen. Am Ende der Meditation sprechen Sie auf das Band eine Formel wie: »Ich komme jetzt langsam aus der Meditation zurück. Ich atme dreimal kräftig ein und aus und öffne gleich frisch und gestärkt meine Augen. Ich bin wieder bereit für die Welt.« Dieses Tonband lassen Sie während Ihrer meditativen Übung ablaufen.

DER EINSTIEG

Mit zunehmender Übung wird Meditation immer leichter für Sie, und Sie können dann auf Vorbereitungen und Einstiegshilfen weitgehend verzichten. Immer leichter werden Sie nach einigen Monaten in der Lage sein, einen Zustand der Versenkung zu erreichen. Vorerst bieten Ihnen aber einige Einstiegsmodelle eine gewisse Unterstützung. Viele der im Hauptteil dieses Buches genannten Meditationen arbeiten mit ganz bestimmten Einstiegsübungen. Daran sollten Sie sich halten. Wenn jedoch kein Einstieg angegeben ist, Sie aber das Gefühl haben, eine Hilfe zu brauchen, kann Ihnen eines der beiden folgenden Programme helfen.

Am besten ist es, wenn Sie einen der folgenden Texte auf ein Tonband oder auf eine Kassette sprechen. Am besten gelingt Ihnen das, wenn Sie dabei in einer meditativen Stimmung sind. Eine der im Kapitel ›Die Vorbereitung‹ genannten Übungen kann Ihnen dazu verhelfen. Sprechen Sie ganz gelassen und ruhig. Dieses Tonband spielen Sie dann bei Meditationsbeginn ab.

Ich spüre das Gewicht meines Körpers auf der Unterlage – meine Augenlider sind geschlossen – meine Aufmerksamkeit ist nach innen gerichtet – eigenartige Muster bewegen sich vor meinem inneren Auge – obwohl die Augen fest geschlossen sind, ist um mich nicht alles schwarz und dunkel.

Dort, wo der Körper die Unterlage berührt, spüre ich Druck und mein Gewicht, das ich nun gar nicht mehr selbst zu tragen brauche, sondern ganz der Unterlage anvertraue.

Der Atem geht sanft und frei, und ich lasse ihn genauso fließen, wie er will – sein Rhythmus trägt mich, und mit jedem Einatmen fühle ich mich leichter – und mit jedem Ausatmen lasse ich noch ein wenig mehr los und sinke tiefer in die Unterlage, die mich trägt.

Geborgenheit umgibt mich – und das Außen weicht immer mehr zurück – Gedanken kommen und gehen – doch wichtig ist nur noch die Ruhe in mir – das innere Fließen und Strömen des Atems, das mich weiter und tiefer trägt in meine eigene Mitte – die Gedanken des Tages, Probleme und Sorgen – sie verblassen im Hintergrund – und all das, was bisher so wichtig erschien, all das ist nun wie hinter einem Vorhang verborgen – rückt weiter und weiter in den Hintergrund – und ich bin auf dem Weg in die Tiefe und Mitte – jene Mitte, wo ich in Ruhe und Frieden bin – jene Mitte auch, wo ich bereit und offen bin, einer anderen Wirklichkeit zu begegnen – meiner eigenen tiefsten Wirklichkeit…

Text 2

Nachdem ich alles Äußere zur Meditation vorbereitet habe, will ich mich nun innerlich vorbereiten. Die Ruhestellung, die ich eingenommen habe, werde ich beibehalten, denn es gilt nichts mehr zu tun, außer dazusein – ganz wach für das Innen. Der Atem geht ganz von selbst, wie immer oder meistens – und nun, gerade jetzt, wo ich ihn beachte, wird er mir bewußt, und so spüre ich sein Fließen ganz deutlich, und während der Körper in dieser Ruhe immer schwerer wird und tiefer sinkt, macht das sanfte Einatmen mich zugleich leichter und freier – freier von allem. Mit jedem Ausatmen aber sinke ich tiefer und tiefer – immer tiefer. Ich vertraue mich ganz der Unterlage an, die mich trägt, und ich lasse mich tragen, lasse los von allem, was mich bisher beschäftigt hat, alle Probleme des Tages und meines Lebens, alle Fragen und Gedanken, Gefühle – ja sogar den Körper – ich lasse all das mit jedem Ausatmen weiter zurück – und ich mache mich mit jedem Einatmen bereit für das Neue in mir, für die Stille in meiner Mitte, für jenen Teil meines Wesens, der offen ist, neue Erfahrungen zu machen, aufzumachen für diese andere Wirklichkeit, die auch in mir lebt und der ich mich nun hingeben will. – So wird das Außen immer nichtssagender und verschwommener, die innere Wirklichkeit aber klarer – fast greifbar.

– Es ist eine Wohltat, ja eine Erholung, nichts tun zu müssen, einfach loszulassen, geschehen zu lassen, was von selbst geschieht – offen zu sein – da zu sein – Zeit zu haben und zu spüren. – Ich bin geborgen in diesem Erlebnis, wie in einer großen Kuppel – außerhalb von Raum und Zeit – alles kann ich wahrnehmen und klar durchschauen – ich bin gelöst und doch mit vielem verbunden – ja mit allem verbunden, was da in mir lebt. – Und doch bin ich auch geschützt vor allen äußeren Dingen und den Ablenkungen des täglichen Lebens. – Der sanfte Atem führt mich noch immer weiter und tiefer, und ich öffne mich mit jedem Einatmen mehr und mehr für all das Neue, Geheimnisvolle, das da auf mich zukommen mag – in meinem Inneren – aus meinem Inneren – ganz offen bin ich für die Erfahrungen aus meiner Mitte – ganz eins mit meiner Mitte – mit ihr und mit aller Mitte – ganz bereit für die Erfahrungen der reinen, tiefen Wirklichkeit...

MEDITATIONEN
FÜR
DEN WIDDER

WIDDER

Zeitraum:	21. März – 20. April
Symbol:	♈
Element:	Feuer
Planetenherrscher:	Mars
Prinzip:	Energie, Impuls, Tat, Durchsetzung, der Beginn.
Kennsatz:	»Ich handle.«

Im Frühlingsbeginn, wenn alles Leben in der Natur wieder neu erwacht und an die Oberfläche drängt, tritt die Sonne auf ihrem Weg durch den Tierkreis in das Sternbild Widder ein. Im Widder ist daher die Symbolik der stürmisch drängenden Natur des Frühlings enthalten. Widder ist dem Element Feuer zugeordnet. Es ist das schöpferische Urfeuer, das die dunklen Kräfte des Winters besiegt und die Samen aufbricht, damit sie keimen und wachsen können. Wenn die Sonne in den Widder eintritt, herrscht Tagundnachtgleiche. Doch im Verlauf des Widder-Monats beginnt sie ihren Siegeszug. Die Tagkraft nimmt zu, und in den nächsten Wochen fängt die Natur an, sich zu entfalten.

Das aktive, verschwenderische, frühlingshafte

Hervorbrechen der Kräfte ist ein Charakteristikum des Widder-Menschen. Der Astrologe André Baubault schreibt darüber: »Diese glühende Kraft entspricht der Explosion seiner Urvitalität, seinem primären Lebensimpuls, gewaltig und rein, seiner blitzartigen und zugleich fortdauernden Kräfteentladung.«

Die ungeheure Energie, die dem Widder-Zeichen zugeordnet wird, erfährt ihre Entsprechung darin, daß der Planet Mars in diesem Sternzeichen herrscht. In der Mythologie ist Mars der Gott des Kampfes, der aktive Lebenskraft und aggressive Umweltbeziehungen symbolisiert. Er ist der Impulsgeber, der Pionier, der auszieht, um sich in neuen Lebensräumen durchzusetzen und unerforschte Gebiete zu erobern. So setzt auch der Widder-Mensch all seine Energie grundsätzlich dafür ein, seine im Verborgenen liegende Individualität zu finden und ans Tageslicht zu bringen.

Der Widder repräsentiert die »Morgendämmerung der Personalität«, wie es der Astrologe Dane Rudhyar ausdrückt: »Der Widder-Typus macht einen unaufhörlichen Selbstformungsprozeß durch. Er besitzt keinen Sinn für Selbstheit oder für feste Grenzen. Er steht immer offen, damit das universale, nicht personifizierte Leben zu ihm hereinströmen kann.«

Es geht dem Widder einzig um direkte Lebenserfahrung. Er ist der feurige, extrovertierte Choleriker, der handelt um des Handelns willen und nicht, um damit konkrete Resultate zu erzielen.

Die ungerichtete Energie des Mars hält ihn in ständiger Bewegung. Er verwirklicht sich im Handeln, um daran zu wachsen.

Aufgabe des Widders ist die Entwicklung eines bewußten Ich, wobei er darauf achten muß, sich nicht in der überschäumenden Energie seiner Handlungsweisen zu verlieren. Er muß vielmehr lernen, seine Kräfte geduldiger einzusetzen, sonst läuft er Gefahr, daß seine Handlungen zu einem Reflex verkommen, der Energien verbraucht, ohne sich eines Zieles gewahr zu werden. Der Widder muß deshalb in die letzten Tiefen des Seins eindringen, weil jede wahre Lebenserweiterung nur aus einer geistigen Vertiefung und gründlichen Seinserkenntnis entstehen kann.

Wenn er sich ausschließlich seinen stürmischen Mars-Energien hingibt, wird er zum einseitigen Kraftprotz, der stets mit dem Kopf durch die Wand will. Diese Eigenschaft des Widders fand ihren verbalen Niederschlag schon in der Geschichte. Die Römer nannten den Sturmbock, mit dem sie die Befestigungsmauern belagerter Städte niederrannten, *aries*. Es ist das lateinische Wort für Widder.

Ein weiteres Symbol für das Widder-Prinzip ist der Opfergedanke, der sich auch darin manifestiert, daß wir in der Widder-Zeit das Osterfest feiern, das der äußeren Form nach dem jüdischen Lammopfer entspricht. Zu Ostern gedenken wir des von Christus gebrachten Opfers, der als ›Opferlamm‹ Gottes die Welt erlöste und ihr neues Leben gab. Erklärend schreibt dazu der Astrologe Roberto Sicuteri: »Energie (wie sie im Widder-Prinzip ausgedrückt ist) ist immer Ursache von Bewegung: Wird sie eingesetzt, ruft sie eine Veränderung im Aktionsfeld hervor, erzeugt mit einem Wort eine dynamische Situation, die es davor nicht gab. Energie manifestiert sich in einem ständigen Sich-Erzeugen und Sich-Verbrauchen. Deshalb ist die Manifestation an sich Ausdruck geopferter Energie. Der Widder ist das Opfer, das aus diesem Kräfteeinsatz hervorgeht.«

Der Opfergedanke ist hier also ein Aspekt des Verbrauchens, der sich beim Widder in der totalen Verausgabung seiner Energien zeigt, so wie die Natur zu Beginn des Frühlings alle ihre Kräfte mobilisiert, um die Saat in das neue Leben hineinsterben zu lassen.

WIDDER-MEDITATIONEN

Im Widder-Zeichen geht es um die räumliche Durchsetzung, die voller Energie vorangetrieben wird. Ihr Charakteristikum ist die Bewegung, sie versteht sich im Handeln. Dementsprechend sind die Meditationsarten konzipiert, die diesem Zeichen zugeordnet werden. Es sind vor allem dynamische Meditationsübungen, aktive Techniken, die Energien fließen und zur Ruhe kommen lassen.

Sonnenmeditation

Dem Frühlingsbeginn im Zeichen des Widders entspricht der Tagesanbruch. Der Sonnenaufgang am Morgen ist deshalb die Zeit des Widder-Prinzips. Versuchen Sie folgende Meditationsübung. Stehen Sie sehr früh am Morgen auf, noch bevor sich die Sonne am Horizont zeigt, und suchen Sie sich einen ruhigen Platz, am besten irgendwo draußen in der Natur, von dem aus Sie den Sonnenaufgang am besten beobachten können. Bleiben Sie in der Hara-Stellung stehen oder sitzen Sie in der von Ihnen bevorzugten Meditationsstellung. Konzentrieren Sie Ihre Aufmerksamkeit auf die Sonne, die zunächst nur ihre Strahlen über den

Horizont schickt. Singen Sie, summen Sie, seufzen Sie. Die Geräusche brauchen keine Bedeutung zu haben, lassen aber Ihre Energien in Richtung Sonne fließen.

Mit Ihrer Lobpreisung auf das Zentralgestirn unseres Sonnensystems begleiten Sie aktiv den Sonnenaufgang. Ihr Körper darf sich bei dieser Meditation bewegen, Sie wiegen ihn hin und her. Den ruhigen Rhythmus der Bewegung steuern Sie nicht, sondern lassen ihn geschehen, während sich Ihre Aufmerksamkeit auf die Sonne richtet. Beenden Sie diese Übung, sobald die Sonne völlig aufgegangen ist.

Dynamische Meditation

Diese Meditationstechnik ist eine der Basis-Formen, die Bhagwan Shree Rajneesh entwickelt hat. Sie ist auch unter der Bezeichnung »chaotische Meditation« bekannt und wird von Bhagwan-Anhängern gern als »Wahnsinn mit Methode« bezeichnet.

Sie sollten früh am Morgen dynamisch meditieren, am besten vor dem Frühstück. Wählen Sie eine Ihnen geeignet erscheinende Musik.* Tragen Sie

* Für diese Meditation gibt es eine spezielle Musik-Kassette: »Dynamic – Kundalini« (MC 5001), die von Chaitanya Hari Deuter komponiert wurde.

möglichst wenig Kleidung, die Sie nicht einengen darf. Beginnen Sie in der Hara-Stellung, und richten Sie Ihre Aufmerksamkeit auf Ihren Schwerpunkt. Schließen Sie die Augen, oder tragen Sie in diesem Fall sogar eine Augenbinde.

Die dynamische Meditation besteht aus fünf Phasen, die Bhagwan in seinem ›Orangenen Buch‹ so beschreibt:

»Erste Phase, zehn Minuten: Atme chaotisch durch die Nase; konzentriere dich auf das Ausatmen. Für die Einatmung sorgt der Körper von selbst. Atme so schnell und heftig, wie du nur kannst – und dann noch ein bißchen heftiger, solange, bis du buchstäblich selbst das Atmen bist. Nutze deine natürlichen Körperbewegungen dazu, deine Energie aufzubauen. Fühle, wie sie zunimmt, aber erlaube ihr nicht, sich schon in der ersten Phase auszutoben.

Zweite Phase, zehn Minuten: Explodiere! Lasse alles raus, was ausbrechen will. Werde total verrückt, schreie, kreische, heule, hüpfe, schüttle dich, tanze, singe, lache, tobe herum. Halte nichts zurück, halte deinen ganzen Körper in Bewegung. Ein bißchen Schauspielerei kann dir anfangs helfen hineinzukommen. Erlaube deinem Kopf auf keinen Fall, in das Geschehen einzugreifen. Sei total.

Dritte Phase, zehn Minuten: Springe mit erhobenen Armen auf und ab und rufe dabei das Mantra HUH! HUH! HUH! HUH! so tief aus dem Bauch heraus, wie es nur geht. Jedesmal, wenn du auf deinen Füßen landest, und zwar mit ganzer Sohle, lasse diesen Ton tief in dein Sexzentrum hineinhämmern. Gib alles, was du hast, erschöpfe dich total.

Vierte Phase, 15 Minuten: Stopp! Friere auf der Stelle ein, haargenau in der Position, in der du dich gerade befindest. Mach keinerlei Körperkorrekturen. Ein Husten, die kleinste Bewegung oder sonst was, und schon fließt die Energie ab, und alle Mühe war umsonst. Beobachte alles, was dir geschieht.

Fünfte Phase, 15 Minuten: Sei ausgelassen, gehe mit der Musik, tanze, drücke deinen Dank an die Schöpfung aus, und nimm dein Glücksgefühl mit in den Tag.«

Wirbelmeditation

Bewegungen, die heftig, schnell und ohne festes Ziel erfolgen, sind ein Ausdruck des Widder-Prinzips. Auf solchen Handlungsformen baut die folgende dynamische Wirbelmeditation der Sufi-Derwische auf. In ihrer rasenden Drehbewegung um einen einzigen Punkt vereinigen sich Dynamik und Stille, wie beim Rad: Während sich der Reifen rasend dreht, steht die Nabe gleichsam still. Im Bild des Rades sind die beiden Pole vereint. Die Wirbelmeditation der Derwische ist deshalb ein Weg, seine Energien in einer Form zu verausgaben, die im Zentrum zu tiefer Ruhe führt. Körper, Geist und Seele verschmelzen zu einer erlebbaren Einheit. Transzendente Gipfelerlebnisse werden in einem tranceartigen Zustand möglich.

Voraussetzung für die Wirbelmeditation ist, daß Sie einige Stunden vorher weder essen noch trinken und möglichst auch nicht rauchen. Kleiden Sie sich bequem in weite, nicht beengende Gewänder, und tragen Sie keine Schuhe.

Beginnen Sie in der Hara-Position, und suchen Sie Ihren Schwerpunkt, der unterhalb des Nabels in der Körpermitte liegt. Versuchen Sie, mit Hilfe des Zwerchfells zu atmen, und entspannen Sie sich. Drehen Sie sich dann auf der Stelle im Uhrzeigersinn im Kreis. Ihre Augen sind offen und schauen ins Leere. Der rechte Arm ist leicht erhoben, die Handfläche öffnet sich nach oben. Der linke Arm zeigt mit leicht angewinkeltem Ellbogen nach unten, die Handfläche ist in Höhe der Hüften zum Boden geöffnet.

Die Drehbewegungen beginnen langsam im Rhythmus einer gleichmäßigen und lebendigen Musik. Langsam steigert sich dann die Geschwindigkeit des Drehens. Drehen Sie sich immer schneller, aber werden Sie dabei nicht hektisch. Die Bewegung muß Ruhe nach außen und nach innen ausstrahlen. Richten Sie Ihre Aufmerksamkeit auf das Zentrum Ihres Schwerpunkts im Hara, und Sie werden feststellen, daß Sie dort ganz ruhig sind – wie die Nabe des Rades. Beobachten Sie, wie sich diese Ruhe immer mehr konzentriert, wie im Zentrum des Wirbels eine sehr stille innerliche Zone entsteht. Genießen Sie dieses Gefühl.

Wirbeln Sie so lange weiter, bis Sie von selbst zu Boden gleiten. Das kann am Beginn schon nach wenigen Minuten erfolgen; sobald Sie mehr Übung haben, dauert es länger. Bleiben Sie dort liegen, wo Sie zu Boden gefallen sind, stehen Sie nicht wieder auf, sondern berühren Sie mit ihrem entblößten Nabel in Bauchlage den Boden. Fühlen Sie, wie Sie im Boden versinken, und bleiben Sie mindestens 15 Minuten lang so liegen.

Bewegungsmeditation

Diese Meditationsart basiert auf dem Energiefluß, der bei gleichmäßigen rhythmischen Bewegungen einsetzt und eine Harmonie zwischen Körper und Geist ermöglicht. Dazu kommt die Erkenntnis vieler Dauerläufer, daß die körperliche Anstrengung während des Sports auch psychische Auswirkungen hat. Häufig entsteht dabei ein wohliges Glücksgefühl, eine tiefe innere Befriedigung.

Diese Übung sollte am Morgen ausgeführt werden, wenn die ganze Welt vom Schlaf erwacht und die Luft noch rein, kühl und klar ist. Kleiden Sie sich bequem, und laufen Sie zunächst vielleicht einen Kilometer, später bis zu 5000 Meter. Rennen Sie nicht stur und wie in einer Zwangsjacke, sondern locker, offen und fröhlich wie ein Kind. Tanzen Sie, hüpfen Sie und bewegen Sie den ganzen Körper. Dann setzen Sie sich auf eine Bank oder unter einen Baum, ruhen sich aus, schwitzen sich aus. Atmen Sie tief aus dem Bauch, und spüren Sie das Gefühl des Friedens. Ihre Alltagssorgen sind weit von Ihnen entfernt. Sie nehmen wahr, wie die Energieströme des Widder-Prinzips in Ihrem ganzen Körper pulsieren – und Sie fühlen sich wohl. Achten Sie darauf, daß Sie ganz bewußt joggen. Sobald der Lauf automatisch oder quälend wird, brechen Sie diese Meditationsart ab. Versuchen Sie es auch mit Schwimmen oder Tanzen – bewegen Sie sich einfach auf irgendeine Art.

Tai Chi

Tai Chi ist eine alte chinesische Bewegungskunst, die im Westen gern mit »Schattenboxen« übersetzt wird. Sie ist sowohl Heilgymnastik als auch Meditation und Selbstverteidigung. Tai Chi ist ein sehr vielfältiges Bewegungssystem, das langer Praxis bedarf, bis es vollständig beherrscht wird. Die harmonisierenden Wirkungen machen sich jedoch schon bemerkbar, auch wenn es noch unvollständig beherrscht wird.
Grundprinzip des Tai Chi ist die geduldige, kreisförmige, niemals endende, ausgeglichene Bewegung. Ihr Symbol ist deshalb der aus zwei in sich verschlungenen Halbkreisen, einem hellen und ei-

nem dunklen, zusammengesetzte Kreis, der das Yin- und Yang-Prinzip repräsentiert.

Es geht dabei um ständigen Wandel, ausgedrückt in dynamischen und doch ruhigen, runden Bewegungen, um die Harmonie der Energieströme.

Als Heilgymnastik führt Tai Chi zur Harmonie des Körpers. Als Selbstverteidigung ist Tai Chi eine passive, gewaltfreie Form des Widerstandes. Sie weicht Angriffen flexibel aus und nutzt die somit sinnlos gewordene Energie des Gegners, um ihn zu Boden zu zwingen. Ziel des Tai Chi ist es immer, den Angreifer nicht zu verletzen. Als Meditation versucht Tai Chi durch Umwandlung aus den Energien des Körpers und der kosmischen, alles durchdringenden Kraft eine Einheit herzustellen.

Diese Einheit wird jedoch erst mal vom Körper ausgehend erfahren. Zunächst lehrt Tai Chi, den Körper, seine Funktionen und seine Energieströme zu erkennen. Daraus entwickelt sich das Gewahrwerden der alles umfassenden Einheit. Im Mikrokosmos wird der Makrokosmos erfahren.

Der erste Schritt im Tai Chi ist das Wahrnehmen. Meister Al Chuang-liang Huang sagt dazu: »Siehst du die Stühle, siehst du den Boden, siehst du die Person neben dir? Halte auch die Ohren offen. Hörst du das Scharren der Füße? Hörst du die Gespräche nebenan? Hörst du den eigenen Atem und den der Person neben dir? Halte diese Wachsamkeit rundum lebendig, ohne dein Zentrum zu verlieren. Das ist Tai Chi-Meditation.« Der nächste

Schritt ist das Vergessen. Wer alles wahrnehmen kann, kann auch das Nichts, die Leere wahrnehmen und erfahren.

Sonnengebet

Das Sonnengebet (›Surya Namaskars‹) ist eine indische Yoga-Übung, die aus zehn Abschnitten besteht, welche sehr schnell hintereinander – aber ohne Eile – mehrfach wiederholt werden. Mit seiner Hilfe werden körperliche Bewegungen und der Geist zu einer Einheit verschmolzen.

Achten Sie beim Sonnengebet besonders aufmerksam auf Signale Ihres Körpers. Speziell Schmerzen sind ein Hinweis darauf, daß Sie sich zuviel zumuten. Brechen Sie dann die Übungen ab, und verkürzen Sie in den nächsten Tagen die Übungszeiten. Wenn Sie sich etwa zehn Minuten nach dem Sonnengebet nicht frisch, wach und entspannt fühlen, haben Sie etwas falsch gemacht. Müdigkeit und Muskelkater sind ein Signal dafür, daß Sie die Übung langsamer angehen sollten.

Für das Sonnengebet brauchen Sie ein quadratisches Tuch von etwa 55 Zentimetern Kantenlänge. Breiten Sie das Tuch auf dem Boden aus. In Augenhöhe und in Blickrichtung hängen Sie ein Bild an die Wand, das Ihnen besonders viel bedeutet. Es kann ein Porträt, eine Fotografie oder ein beliebiges Gemälde sein. Sie können sich auch selbst, etwa mit der Methode des meditativen Malens, ein Bild herstellen. Wenn möglich, sollten Sie sich für diese meditative Übung eine Stelle in Ihrem Meditationsraum suchen, die von der Sonne beschienen wird.

Beginnen Sie das Sonnengebet in der Hara-Stellung. Entspannen Sie sich, richten Sie Ihre Aufmerksamkeit auf den Schwerpunkt und atmen Sie richtig mit Unterstützung des Zwerchfells.

Erste Stellung: Stellen Sie sich aufrecht mit geschlossenen Füßen und Knien vor das Tuch. Ihre Zehen berühren die Tuchkante. Legen Sie die Hände zusammen wie im Gebet. Die Ellbogen sind leicht angewinkelt, die Daumenballen liegen auf dem Brustbein. Heben Sie die Brust und ziehen Sie den Leib so weit wie möglich herein und nach oben. Konzentrieren Sie sich nun auf Ihren Körper, und beginnen Sie, sich von den Zehen bis zum Scheitel zu versteifen. Vollziehen Sie diese Anspannung zunächst mit dem Bewußtsein, und lassen Sie dann Ihre Muskeln folgen. Dabei atmen Sie ein und halten die Luft an. Wenn Sie alle Körperpartien angespannt und dabei das Gesicht erreicht haben, lächeln Sie. Ihr Blick ruht auf dem Bild an der Wand. Empfinden Sie Ihren Körper in dem Bewußtsein, daß Ihnen Gutes geschieht.

Zweite Stellung: Lassen Sie die Hände mit durchgedrückten Knien (am Anfang dürfen Sie die Knie auch leicht beugen) zu Boden sinken, und legen Sie sie parallel zu den Kanten des Tuchs auf das Tuch.

Versuchen Sie, mit der Nase oder mit der Stirn die Knie zu berühren. Atmen Sie dabei heftig und vollständig alle verbrauchte Luft aus.

Dritte Stellung: Ihre Hände liegen unverrückbar auf dem Tuch. Sie atmen tief ein und halten die Luft an. Lassen Sie sich nun auf Ihr rechtes Knie nieder, und recken Sie den Kopf so hoch wie irgend möglich. Der Oberschenkel des rechten Beins steht senkrecht. Sie stützen den Fuß mit den Zehen am Boden ab. Den linken Oberschenkel ziehen Sie waagerecht an Ihren Leib. Das Knie berührt die Brust. Die Zehen des linken Fußes berühren den Rand des Tuchs. Sie hocken in einer Art Startstellung am Boden. (Beim zweiten Durchgang wechseln Sie die Beine: Das linke stützt Sie ab, das rechte berührt Ihren Leib. In der dritten Runde ist es wieder umgekehrt usw.)

Vierte Stellung: Sie halten immer noch die Luft an. Die Hände ruhen fest an ihrer Ausgangsposition auf dem Tuch. Jetzt heben Sie den Körper und stellen das Bein, das gegen Ihren Leib gepreßt war, neben das andere Bein. Dann strecken Sie sich wie ein umgekehrtes V nach oben. Fußflächen und Handflächen bleiben fest am Boden. Diese Stellung entspricht einer Art nach oben gestrecktem Liegestütz.

Fünfte Stellung: Die Hände bleiben auf dem Tuch, und Sie lassen Ihren Körper flach auf den Boden fallen. Dabei atmen Sie aus. Stirn, Nase, Brust, Knie und Zehen berühren den Boden, nicht aber

Hüften oder Unterleib. Die Ellbogen ragen neben dem Körper nach oben.

Sechste Stellung: Nun machen Sie die Arme gerade. Ihr Oberkörper richtet sich auf. Sie atmen ein, werfen den Kopf in den Nacken und blicken nach oben.

Siebte Stellung: Sie recken das Gesäß nach oben, ziehen den Kopf ein und bilden wieder das umgekehrte V aus der Stellung vier. Sie halten den Atem an.

Achte Stellung: Sie nehmen ein Bein nach vorn, die Zehen berühren das Tuch. Auf dem anderen Bein knien Sie. Diese Stellung entspricht der Stellung drei. Sie halten den Atem noch immer an.

Neunte Stellung: entspricht der zweiten Stellung. Sie atmen aus.

Zehnte Stellung: ist gleichzeitig wieder die erste Stellung. Sie atmen ein.

Diese zehn Stellungen des Sonnengebets wiederholen Sie zu Beginn etwa 15 mal. Sie benötigen dazu etwa fünf Minuten. Später, wenn Sie mehr Übung haben, sollten Sie hintereinander in etwa zehn Minuten 40 ganze Sonnengebete ausführen können.*

* Näheres finden Sie in dem Buch: »Das Sonnengebet« von Rajah von Aundh; darin finden Sie u. a. auch Abbildungen der einzelnen Stellungen.

Tanzmeditation

Wählen Sie für diese Meditation eine Musik, zu der Sie sich gut bewegen können. Sie sollten an Ihrem Meditationsplatz auch genügend Freiraum haben, um sich im Tanzen richtig austoben zu können. Wenn Sie alle Vorbereitungen getroffen haben und die Musik läuft, stellen Sie sich erst einmal eine Weile ganz ruhig hin, sind einfach da, am Ort Ihrer Meditation, spüren den Kontakt Ihrer Füße mit dem Boden, dem Unten, der Erde und achten auf Ihren Schwerpunkt im Hara. Dann lauschen Sie mit all Ihrer Aufmerksamkeit der Musik, erst ruhig, ohne dem Impuls eines Bewegungsdranges nachzugeben, lassen die Töne durch Ihren Körper fließen, stimmen sich ganz ein auf Klang und Melodie der Musik und beginnen sachte und allmählich sich von ihr bewegen zu lassen. Ihre Augen sind und bleiben dabei geschlossen, wenn Sie sich jetzt die nächsten dreißig Minuten total Musik und Tanz hingeben. Dabei geht es wiederum nicht darum, daß *Sie* tanzen, sondern, daß Sie sich tanzen *lassen,* Ihre Bewegungen nicht kontrollieren, sondern einfach geschehen lassen, bis Sie eigentlich ganz vergessen haben, daß Sie tanzen. Geben Sie allen Bewegungen freien Lauf. Tanzen Sie sich in Ekstase!
Nach dreißig Minuten totalem Tanz legen Sie sich dann auf den Boden, die Augen bleiben auch dabei geschlossen. Rühren Sie sich die nächsten fünfzehn Minuten nicht und genießen Sie den Energiefluß,

der Sie nun durchpulst. Wenn Sie die Meditation dann beenden, atmen Sie ein paarmal bewußt ein und aus, bewegen Ihren Körper und öffnen die Augen.

Geführte Meditationen

Geführte Meditationen wurden in den letzten Jahren bei uns unter den verschiedensten Namen wie katathymes Bilderleben, Phantasiereisen, geführte Tagträume usw. populär. Obwohl sicherlich ähnlich alt wie andere Meditationstechniken, verdankt diese Richtung ihren heutigen Aufschwung der besonderen Eignung für den westlichen, intellektbetonten Menschen.

Während nämlich die allermeisten östlichen Meditationssysteme von Anfang an darauf zielen, die während der Meditation auftauchenden Gedanken und Phantasien als lästige Störenfriede loszuwerden, machen geführte Meditationen gerade diese Gedanken und Bilder zu Stufen auf ihrem Weg zur Mitte.

Darüber hinaus paßt diese Technik auch deshalb gut in unsere Zeit, weil sie sich, wie nur wenige andere, unserer modernen Möglichkeiten bedienen kann, nämlich der Tonträger. Während es grundsätzlich nicht so leicht ist, etwas so Praktisches wie Meditation theoretisch aus einem Buch zu lernen, gibt es für geführte Meditationen kein besseres

Medium als Tonkassetten – abgesehen von einem persönlichen Lehrer.

Auch ist es bei dieser Technik möglich – ja, sogar empfehlenswert – sie im Liegen durchzuführen. Man erspart sich so den für westliche Menschen zumindest anfangs sehr schwierigen aufrechten Meditationssitz. Das Vorgehen ist im Gegenteil äußerst einfach. Notwendig sind lediglich ein bequemer, ungestörter Liegeplatz (wie das eigene Bett, der Teppich usw.) und ein Tonbandgerät. Von der Stereoanlage bis zum einfachen Kassettenrecorder ist alles geeignet, als besonders günstig erweisen sich die mit Kopfhörer ausgerüsteten Kleinstgeräte (Walkman). Natürlich kann man sich eine geführte Meditation auch von jemandem vorlesen lassen, allerdings erfordert das bei dem Lesenden einige Übung, um die richtige Geschwindigkeit und Betonung zu treffen. Auch die passende Hintergrundmusik wird dann von ihrer Art und Lautstärke her leicht zum Problem. Im Anhang finden Sie für diesen Fall verschiedene Musiken, wobei darauf zu achten ist, daß besonders wirksame Musiken gerade nicht besonders »schön« sein sollten. Eine einprägsame Melodie und ein sich in den Vordergrund drängender Rhythmus sind eher hinderlich. Geeignete Meditationsmusiken sollten im Hintergrund bleiben und eine ruhige Stimmung verbreiten, also nicht etwa ihre Wirkung durch Lautstärke erzielen. Förderlich ist, wenn sie obertonreich sind, um die verschiedenen Saiten in uns zum Mitschwingen zu bringen. Zusätzliche Meditationshilfen könnten Räucherstäbchen oder Kerzen sein, die Ihre Umgebung in Einklang mit Ihrem Vorhaben bringen.

Tatsächlich sind geführte Meditationen keine neuen Erfindungen, sondern uralte Bestandteile von Einweihungszeremonien und lange vergessenen Ritualen. Folglich wird sich ihre Wirkung auch heute noch durch die entsprechende Umgebung verstärken lassen. So wie es sofort einleuchtet, daß ein Ritual im feierlichen Rahmen eines entsprechend vorbereiteten Domes tiefer gehen kann als auf dem Hauptbahnhof einer Großstadt, so mag es auch klar sein, daß eine Meditation in einem symbolisch stimmigen Rahmen tiefer geht. Heute sind wir in der Lage, den Sinn all dieses »Drumherums« auch verstandesmäßig zu begreifen. Das ist zwar für die Wirksamkeit des betreffenden Rahmens ziemlich unwichtig, mag uns rationale Menschen aber motivieren, uns um den richtigen Rahmen intensiver zu bemühen. Dank moderner Gehirnforschung wissen wir, daß wir uns in den Wohlstandsgesellschaften des Westens fast ausschließlich auf die linke Gehirnhälfte verlassen. Sie arbeitet, analytisch zerlegend, streng rational und regiert unsere Sprache und damit unser im wesentlichen vernunftgeprägtes Denken. Nun geht es aber bei Meditation nicht um unsere eine (in diesem Fall linke) Hälfte, sondern um die Mitte und das Ganze. Um aber in die Mitte (zwischen linke und rechte Gehirnhälfte) zu kommen, ist es für westliche Menschen besonders notwendig, die ignorierte Gehirnhälfte anzuregen und ins Gleichgewicht mit ihrem Gegenpol zu bringen. Die rechte Gehirnhälfte »denkt« ganzheitlich, viel mehr in großen Mustern als in Einzelheiten, sie nimmt etwa ganze Bilder wahr, »Gestalten«; sie ist auch der Grund, aus dem Mythologien und Märchen aufsteigen. Wenn wir nun mit Tönen und Musik Stimmungen erzeugen, Farben und Düfte nutzen, um in sich stimmige Muster aufzubauen, regen wir unsere rechte Gehirnhälfte an und bewegen uns damit auf die Mitte zu.

Hier mag auch noch ein weiterer Grund für die zunehmende Beliebtheit solcher Meditationen liegen: Diese Technik arbeitet ja ausschließlich mit Symbolen und Gestalten, um die eigenen inneren Bilder anzuregen, und spricht damit vor allem unsere zu kurz gekommene (rechte) Seite an. Der entscheidende Trick ist dabei allerdings, daß die ersten Schritte von unserer rationalen (linken) Seite durchaus mitverstanden und folglich mitgegangen werden und die Umpolung kaum merklich und wie von selbst erst im Laufe der Reise geschieht. Diese Umpolung vom rein rationalen Verstehen zum ganzheitlichen Erleben ist und war zu allen Zeiten Ziel von Meditationstechniken, und wo immer geführte Meditationen in früheren Zeiten benutzt wurden, waren sie eingesponnen in einen Rahmen, der die entsprechende Umpolung förderte. Wenn Indianer auf ihre innere Reise gingen, um ihr Totemtier zu finden, hatten sie sich eingehend vorbereitet durch Fasten, Schwitzhütten und andere Rituale, die sie in Einklang mit den vier Elementen brachten. Westliche Magier aber trafen symbolisch ganz ähnliche rituelle Vorkehrungen, wenn sie sich auf ihre Trancereisen begaben. So ist die Technik der geführten Meditation eine uralte, die sich aber sehr elegant und wirksam in unsere heutigen Lebensumstände einbauen läßt. Tatsächlich erfordert sie den entsprechenden rituellen Rahmen auch nicht zwangsläufig – er ist lediglich förderlich. Auch auf dem schon erwähnten Hauptbahnhof sind solche Meditationen (z. B. mit einem Walkman) möglich, wie auch auf Reisen mit Bus, Zug oder Flugzeug. Für den Anfang empfiehlt sich allerdings eine geschütztere und intimere Atmosphäre, die die ersten Schritte druch ihre Einstimmigkeit fördert.

Geführte Widder-Meditation

Legen Sie sich bequem und entspannt hin, die Beine ausgestreckt und nebeneinander, die Arme seitlich am Körper, und schließen dann die Augen. Alles wird nun innen geschehen, und so richtet sich die ganze Aufmerksamkeit nach innen – Sie spüren Ihren Körper auf der Unterlage – gehen mit Ihren Gedanken ganz bewußt zu jenem Punkt, wo der Hinterkopf aufliegt und spüren das ganze Gewicht des Kopfes auf der Unterlage. Und dann gehen Sie zum Rücken und spüren seine breiten und langen Muskeln, die vom Gewicht des Oberkörpers in den Untergrund gedrückt werden und sich ihm anpassen. – Ganz Ähnliches gilt für die Po-Muskeln, die das Gewicht des Unterleibes breitdrückt und tief in die Unterlage sinken läßt. – Und Sie lenken Ihre Aufmerksamkeit weiter hinunter zu den Muskeln der Beine und spüren Ihre Oberschenkel und Waden, die sich ebenfalls dem Untergrund anvertrauen – wie auch die Fersen – und Sie spüren, wie die Füße, locker und bequem, ein wenig nach außen gefallen sind. Nun spannen Sie ganz plötzlich die schon etwas entspannten Muskeln der Füße wieder an – ziehen die Zehen hoch zu sich und spreizen sie dabei und bemerken zugleich, wie Ihre Waden dadurch ganz hart und fest werden – ja, sogar die Oberschenkelmuskeln spannen sich mit an, und Sie lassen die Beine von oben bis unten vollkommen starr, hart und fest werden. Und genauso plötzlich, wie die Spannung kam, lassen Sie sie jetzt wieder los und spüren sogleich, wie mit den Muskeln alles loslassen kann und die Beine sanft und weich in die Unterlagen zurückgleiten – tiefer sogar als vorher und viel entspannter – und die Entspannung breitet sich sogar über die Beine hinaus bis ins Becken aus – doch jetzt spannen Sie ganz plötzlich alle Muskeln des Beckens an – lassen die Bauchdecken hart werden vor Anspannung und kneifen die Pobacken mit aller Kraft zusammen – spüren die vibrierende Spannung zu einem Höhepunkt anschwellen – und lassen jetzt wieder los – und Becken und Unterleib sinken zurück in die Unterlage – weich und tief – viel tiefer als vorher – alle Spannung ist nun restlos gewichen – und die gelösten Muskeln lassen Bauch und Becken weich und geschmeidig erscheinen. – Nun richten Sie Ihr Bewußtsein höher hinauf und spannen die Brustmuskeln an – lassen auch sie ganz hart werden – und zugleich wandert die Spannung in die Schultern und Oberarme und bis hinunter in die Hände, die augenblicklich zu Krallen werden. – Der ganze Oberkörper ist nun angespannt – und Sie spüren die geballte Kraft in den Muskeln vibrieren – geben alle Kraft hinein in diesen Augenblick der Anspannung, um auf dem Höhepunkt – jetzt – loszulassen und sich fallenzulassen in die Unterlage, alle Spannungen zugleich lösend und sich selbst der Unterlage anvertrauend. – Die Muskeln des Rückens sind nun viel weicher, und das weiche, fließende Gefühl der Entspannung breitet sich überallhin aus – hinunter in Unterleib und Beine sogar und hinauf bis zu Gesicht und Hinterkopf. Hierher richten Sie nun Ihre Aufmerksamkeit und Kraft und spannen die Muskeln des Gesichts so stark an, wie Sie nur können, wodurch sich Ihre Züge zu einer grotesken Grimasse verkrampfen – die Backenmuskeln sind hart und das Kinn starr – die Spannung erfaßt sogar die Halsmuskeln mit – im ganzen Kopf können Sie nun die zitternde Anspannung wahrnehmen, und dann – mit einem Schlag – lassen Sie los – erlauben Gesicht, Hals und Hinterkopf, frei zu werden und tiefer zu sinken – und das Gefühl von Gelöstheit fließt vom Kopf hinunter in den Körper – und diese letzte und weitestgehende Welle der Entspannung erfaßt Sie ganz – und Sie können sich anvertrauen – tiefer und vollständiger – der Unterlage, die Sie so bereitwillig aufnimmt, und der ganzen Situation – spontan und frei – und Sie spüren, daß auch in diesem Loslassen eine eigenartig mächtige Kraft liegt und dabei frei wird und Sie vorwärts drängt – nicht so sehr nach draußen wie die Kraft der Muskeln, sondern vielmehr nach innen – auf eine innere Reise in die Welt Ihrer inneren Bilder und Muster – und so, wie Ihr Körper ganz entspannt und losgelassen in die Unterlage gesunken ist, sind Sie selbst, ohne es recht zu merken, immer tiefer hinabgesunken in das Reich Ihrer inneren Bilder und Phantasien – ein Gefühl besonders wird nun immer stärker – das Gefühl, daß etwas Neues beginnen wird und muß: ein Anfang. Ein erster und entscheidender Schritt steht bevor – noch ist alles dunkel und abwartend – doch Spannung liegt über der Dunkelheit und Erwartung. Und dann ist Ihnen, als würde es etwas heller – ein Schein – eine Ahnung von Licht erfüllt die innere Welt – wird deutlicher und läßt einen dunklen, bergigen Horizont aus der Dunkelheit auftauchen – und dann bricht ein erster Sonnenstrahl zwischen zwei bizarren schwarzen Bergen hervor – wie ein rotgoldenes Wunder erhebt sich die Sonne zu diesem neuen Tag – und die Morgenröte färbt den Himmel zu seiner Begrüßung. Die Spitzen der fernen Berge sind noch schneebedeckt, und es scheint nicht nur ein neuer Tag seinen Anfang zu nehmen, sondern auch eine neue Zeit. Mit diesem Sonnenaufgang wird die neue Kraft des Frühlings den alten Winter endgültig besiegen und ihm mit ihren warmen Strahlen das eisstarre Rückgrat brechen. Die Sonne hat schon die ihr zugewandten Bergseiten in Blutrot getaucht, und der Kontrast zu den übrigen, noch schwarzen Bergspitzen, wird um so schärfer. Allerdings gewinnen nun allmählich auch die noch unbeschienenen Bereiche an Farbe und Leben. Die ersten Vogelstimmen werden laut, und ihr jubelnder und dann sogar schriller Gesang gibt eine gute Ouvertüre ab für diesen ersten Tag des neuen Frühlings. Sie bekommen immer stärker das Gefühl, selbst in dieser Landschaft zu sein und Zeuge des aufbrechenden Lebens zu werden. Überall können Sie die Spuren des Kampfes erkennen zwischen den beharrenden, starren Kräften des Winters, die das Leben weiter unterdrücken wollen, und den befreienden, feurigen Energien des Frühlings, die ihre stärkste Unterstützung im Sonnenfeuer finden, das sich nun auf seine Himmelsbahn begibt wie ein glänzender, mutiger Ritter, der dem letzten, entscheidenden Gefecht entgegenzieht, jenem Gefecht, das ihm den endgültigen Sieg verheißt. Die im Gegenlicht noch immer schwarz und drohend erscheinenden Bergspitzen wirken dagegen wie die dunklen Lanzen der gegnerischen Kräfte, und Sie werden Zeuge, wie das Sonnenfeuer seine Macht entfaltet und langsam, aber unwiderstehlich sein rotgoldenes Morgenlicht über sie ergießt; und auch das weiße Leichentuch aus Schnee, das noch die höheren Lagen überzieht, muß langsam, aber sicher weichen. Die Kraft des Sonnenfeuers wandelt das Eis in Wasser und läßt es zu Tale stürzen; dorthin, wo der Siegeszug des Lebens schon weiter gediehen ist. Auch Sie spüren nun schon die wärmende Kraft der höher steigenden Sonne und beginnen, dieses Land im Aufbruch zu durchwandern – empfinden dabei die Pionierstimmung, die hier jetzt herrscht – der Sieg der Lichtkräfte ist gerade erst errungen, und in den ersten Schritten in das Neue liegen zugleich die letzten Züge des Alten. In Büschen und Bäumen steigen bereits die Säfte, und die noch geschlossenen Knospen des neuen Jahres verraten die Spannung dieser Zeit. Wie Pfeil- oder Speerspitzen sehen sie aus – voll geballter Kraft, die sich gerade noch zurückhält, aber jeden Moment auf dem Sprung ist, die Schutzhülle des alten Jahres zu sprengen. Der alles entscheidende Moment wiederholt sich millionenfach und in jeder einzelnen Knospe – alles erwartet – noch gebannt – aber nicht mehr lange – den Augenblick, wo das Schwert der neuen Kraft die bergende Scheide verläßt und zum alles entscheidenden Schlag ausholt. Auch in sich selbst spüren Sie etwas von der Energie des neuen Anfangs, vom Aufbrechen neuer Kraft und dem Willen und Mut, der mit diesem Gefühl einhergeht. Einzelne Knospen sind tatsächlich schon aufgesprungen, und da werden Sie sogar Zeuge dieses einzigartigen Augenblicks, wo eine Pflanze sich aktiv bewegt – ein ganz kleines Zittern geht plötzlich durch die lanzenförmige Knospe – und dann ist auch schon ein Riß in der braunen Hülle da. So klein und häufig dieses Schauspiel auch eigentlich sein mag, in diesem Moment erscheint es Ihnen doch gewaltig, wird Symbol für die hereinbrechende und zugleich ausbrechende Kraft des Frühlings. Aus Milliarden lebendiger Lanzenspitzen besteht seine unschlagbare Armee, und in diesen Stunden läßt sie das Land ihre ganze Macht spüren. Unzählige Samenkörner sprengen gerade jetzt ihre harte Schale, unzählige Keimspitzen durchdringen das Dunkel, um auf Licht zu treffen und sich zu grünen Speeren und Lanzen auszuwachsen. Die Formen und Bilder des Frühlings erwachen überall, und es wundert Sie nicht, daß sogar die Menschen dieses innere Bild zu spüren scheinen und es ihrerseits gerade jetzt beleben. Der Bauer etwa, der, gar nicht weit von Ihnen entfernt, seine Pferde angespannt hat und sich anschickt, sein Feld zu pflügen. Die metallisch silbern blitzenden Pflugscharen haben etwas Feindliches und Gefährliches, als der Bauer sie jetzt gegen die Erde drückt. Die urwüchsige Kraft der beiden starken Rösser reißt sie tief in den Boden und bricht ihn erbarmungslos auf – Scholle um Scholle hebt sich unter dem scharfen Metall und bricht lautlos zur Seite. Einige Vögel stürzen sich lärmend auf die nackte Erde der Furche und feiern den Frühling mit einem Festmahl an Würmern und Larven, die die Pflugschar ebenfalls ans Licht gezwungen hat. Sie erkennen zunehmend auch die erbarmungslose Seite dieser gewaltigen Kraft, die das Szepter der Herrschaft über die Natur ergriffen hat. Die Geburt des Neuen erfolgt unter Schmerzen wie alle Geburt und jeder erste Schritt. Und es wundert Sie gar nicht und paßt so gut zu allem, als Sie beim Weitergehen aus der Richtung des nahen Bauernhofes das klagende Blöken eines Schafes hören – es ist so voller Schmerz und Spannung, daß Sie schon von hier aus eine Geburt vermuten. Die klagenden Töne kommen aus einem Holzverschlag neben dem Bauernhaus und bekommen, als Sie nun nähertreten, fast etwas Menschliches. Tatsächlich sehen Sie dann in einer Ecke des Schafstalles ein Muttertier im Stroh liegen, während sich die anderen Schafe abseits halten. Wellenförmig laufen die Geburtswehen über den aufgeblähten, wolligen Leib des Mutterschafes, und Sie spüren die Kraft hinter den rhythmischen Kontraktionen und fast auch den Schmerz, den sie dem Schaf bereiten. Weit schon klafft die Öffnung ihres Leibes und dehnt sich mit jeder Wehe noch ein wenig mehr. Das Blöken hat etwas Herzzerreißendes, und es kostet Sie Überwindung, sich unbemerkt im Hintergrund zu halten. Erinnerungen an die eigene Geburt steigen auf, und nicht gerade Schmerz, aber doch eine eigenartige Empfindung um den Kopf macht sich bemerkbar. Dieses Gefühl, mit dem Kopf durch die Wand zu müssen, mag jetzt wohl das ungeborene Schaf haben, wie es unter den immer heftiger werdenden Wehen gegen die noch zu kleine Öffnung gepreßt wird. Jetzt können Sie es schon erkennen, etwas Helles, das da zum Licht drängt – und da – plötzlich öffnet sich der Mutterleib noch ein Stück, und das kleine Wesen wird herausgequetscht – wie ein nasses, lebloses Bündel zuerst, aber dann fängt es schon an zu zappeln, und die eigene Mutter hilft ihm, sich aus den Resten der Eihäute zu befreien –, noch während es seinen ersten, tiefen Atemzug macht. Mit dem Durchbeißen der Nabelschnur ist schon alles vorbei, und das winzige Lämmchen, offenbar ein kleiner Schafbock, kämpft sich bereits auf die eigenen Beine und wagt die ersten, noch unsicheren Schritte. Jetzt wendet es sich ganz entschieden zur Mutter, stößt ihr den Kopf in die Seite und beginnt gierig, an den dargebotenen Zitzen zu saugen. Sie sind tief in eigene Gedanken geraten bei diesem Schauspiel der Natur; die eigene Geburt mit all ihrem Kampf und dem schließlich errungenen Sieg ist Ihnen wieder sehr nahe, und die ersten Atemzüge des kleinen Schafbockes holen Ihren ersten Atemzug wieder hervor, genau wie seine ersten Schritte Sie in ihrer wacklig unsicheren Art an Ihre ersten Schritte erinnern. Und viel mehr noch spült diese Frühlingsstimmung voller erster Impulse aus Ihnen hervor: die Erkenntnis etwa, daß es immer wieder erste Schritte zu tun gilt und daß sie nur zu oft mit Kampf und Leid verbunden sind. Schmerzen und Leiden scheinen sogar die notwendigen Herolde des Neuen zu sein, kommen wir doch alle, angekündigt und begleitet von ihnen, zur Welt. Und rechtfertigt nicht der schließliche Sieg des Neuen, die Geburt, den Untergang des Alten? – Jeden Morgen muß die Nacht sterben und dem neuen Tag den Sieg lassen, und jeden Abend stirbt der Tag, um der Nacht Platz zu machen. Und jedes Jahr muß der Winter unter den befreienden Stürmen und den heißen Strahlen der Frühlingssonne zugrunde gehen und dem Frühling das Feld räumen, so wie die warme Jahreszeit ihrerseits den Herbststürmen und der winterlichen Kälte weichen muß. Immer kommt das Neue mit frischer Kraft und Energie, und es bedarf dieser Macht, um sich durchzusetzen –, es muß notwendigerweise das Alte besiegen. So ist der Kampf Vorbedingung für den Sieg, der Untergang des Alten die Voraussetzung für den Durchbruch des Neuen.

In dieser Stimmung wenden Sie sich nun ganz nach innen und schauen zurück auf Ihr Leben, dabei all die ersten Schritte erkennend, die Sie bisher getan haben – von den allerersten wackligen Babyschritten über all jene notwendigen ersten Schritte, die Sie, jeder für sich, erwachsener werden ließen, bis zu den allerjüngsten vor gar nicht so langer Zeit.

Und dann, zurückgekehrt in die Gegenwart, schauen Sie sich den nächsten ersten Schritt an, der jetzt auf Sie zukommt und wiederum all Ihren Mut und all Ihre Kraft erfordert. Auch er wird Altes beenden und Neues mit sich bringen – und er wird mit Sicherheit kommen – ist doch das Leben eine einzige Kette erster Schritte – und jeder bewußte Moment erfordert einen Neuanfang.

Und auch das Ende dieser Meditation kann solch ein Neuanfang sein – allein schon dadurch, daß Sie den nächsten Schritt mit Bewußtheit tun – ob er groß oder klein ist – weit führt oder in der Nähe bleibt. Der allernächste Schritt wird Sie zum Ende dieser Meditation bringen – und dazu machen Sie jetzt einen tiefen Atemzug, strecken und räkeln sich dann und öffnen schließlich die Augen, um sich neu zu orientieren in Raum und Zeit.*

Marsmeditation

Legen oder setzen Sie sich bequem an Ihren Meditationsplatz, richten die Aufmerksamkeit ganz auf diesen Augenblick und lassen los von allem äußeren Geschehen, spüren den Kontakt mit der Unterlage, die Sie trägt, von der Sie sich tragen lassen. Und wie Sie immer mehr in dem Moment eintauchen, der Ausgangspunkt Ihrer inneren Reise ist, lassen Sie ganz los und Ihren Körper immer tiefer sinken. Wie der Fluß Ihres Atems kommen und gehen Gedanken und Bilder, alles fließt, und dieses Fließen verbreitet einen Strom von Ruhe und Gelöstheit in Ihnen. Und ohne ihn zu steuern, beobachten Sie das ständige Kommen und Gehen des

---

* Diese und eine weitere geführte Widdermeditation sind auch als Kassette bei Edition Neptun, München, erschienen.

Atems, und Ihre Aufmerksamkeit begleitet ihn. Stellen Sie sich dabei nun vor, wie Sie mit jedem Einatmen rotes prickelndes Licht in sich hereinho-len. Achten Sie dabei auf jene Stellen Ihres Körpers, die zuerst nach dieser Farbenenergie verlangen. Atmen Sie auf diese Art und Weise so lange, bis Sie alle Teile Ihres Körpers mit roter Atemenergie gefüllt haben. Geben Sie sich auch Zeit wahrzunehmen, wie sich dieser rote Lichtzustand in Ihrem Körper anfühlt, spüren die Kraft und Wärme, die sich in Ihnen ausgebreitet hat. Wenn Sie sich nun so mit marsischer Farbenenergie vollgeatmet haben, lassen Sie auf Ihrer inneren Leinwand das Bild einer Rakete auftauchen, die wie eine aufgerichtete Lanzenspitze in den Himmel ragt. Und Sie besteigen diesen gewaltigen Himmelsstürmer, zünden die Triebwerke, und mit der Kraft der ungeheuren Feuerenergie schießen Sie wie ein Pfeil hinauf, hinaus ins All. Spüren Sie den Start richtig in Ihrem Körper, mit all Ihren Sinnen, wie die Triebwerke zünden, eines nach dem anderen, wie Sie der enorme Rückstoß hochtreibt und wieviel leichter Ihr Flug wird, als Sie die Atmosphäre der Erde verlassen und schwerelos im Kosmos schweben. Und schneller als das Licht, mit der Geschwindigkeit der Gedanken nähern Sie sich dem Planeten Mars, der Herrscher über das Tierkreiszeichen Widder ist. Während Sie nun den roten Planeten umkreisen, betrachten sie genau seine Oberfläche und wählen einen geeigneten Landeplatz, von wo aus Sie sich auf Entdeckungsreise begeben. Beobachten Sie genau, wie es hier aussieht, wem oder was Sie begegnen, wie ist er (und im übertragenen Sinne damit auch Sie) beschaffen. Und Sie dringen auch in die tieferen Schichten des Planeten vor, bis tief hinein zu seinem Kern. Beachten Sie auch dabei alle Gedanken und Empfindungen, Bilder, Töne und Stimmungen, die in Ihnen und auf Ihrer inneren Leinwand auftauchen. Am Ende Ihrer Entdeckungsreise – Sie lassen die Augen weiter geschlossen – stehen Sie langsam auf und versuchen die Qualität Ihrer Marserfahrungen in Bewegung umzusetzen. Gehen, tanzen Sie durch Ihren Meditationsraum, der nun Ihr Universum ist.

Wenn Sie diese Meditation dann beenden wollen, atmen Sie einige Male tief ein und aus und öffnen die Augen.

Meditation über den Anfang

Widder ist das erste Zeichen des Tierkreises und symbolisiert somit auch den Anfang, die Geburt in einen neuen Entwicklungszyklus. Schon am Beispiel eines Geburtshoroskopes kann man erkennen, daß im Beginn des Lebens, in der Zeitqualität der Geburt, das ganze Leben enthalten ist, wie im Samenkorn der Baum, in Samen- und Eizelle der ganze Mensch. Nehmen Sie daher dieses Thema als Ausgangspunkt für eine Meditation.

Legen oder setzen Sie sich bequem hin und lassen los von allem äußeren Geschehen, kommen ganz an im Augenblick und am Ort Ihrer Meditation, spüren den Druck der Unterlage, die Sie trägt, von der Sie sich tragen lassen, nehmen einige tiefe Atemzüge und richten dann allmählich, wenn Ruhe in Sie eingekehrt ist, Ihre Aufmerksamkeit auf Ihren Kopf und Ihr Gesicht, spüren, wie sich dieser Körperteil anfühlt, und beginnen nach und nach alle Verspannungen hier zu lösen. Sie lassen alle Muskeln los, entspannen Stirn, Kopfhaut, Kiefer, Mund und vor allem die Augen. Wenn Sie auf diese Weise alle Verspannungen gelöst haben, lassen Sie das Gefühl der Gelöstheit und Entspannung in die Mitte Ihres Kopfes sinken, spüren, wie sich damit auch Ihr Gehirn entspannt und ein Gefühl der Ruhe von hier aus in Ihren ganzen Körper strömt. Fühlen Sie auch die Wärme und Energie, die durch diese Entspannung wieder ins Fließen kommt, und geben Sie sich eine Weile ganz diesem Zustand hin. Und dann, langsam und allmählich, lassen Sie auf Ihrer inneren Leinwand Bilder auftauchen, von Anfangssituationen Ihres Lebens, beispielsweise dem Moment, als Sie Ihren Partner das erste Mal getroffen haben, oder Ihren ersten Arbeitstag, einen ersten Reisetag, in dessen Verlauf sich schon die ganze Reise abbildete.

Versuchen Sie nun am Ablauf der jeweiligen Anfangssituation das Muster zu erkennen, das sich im Laufe der Zeit immer deutlicher erkennbar entwickelte. Horchen Sie dabei genau auf Ihre innere

Stimme, die Sie besser auf die Fährte des verborgenen Musters bringen kann als Ihr Intellekt. Wenn Sie sich darin geschult haben, die Ereignisse des Beginns eines Geschehens auf den weiteren Verlauf der sich daraus ergebenden Entwicklung zu übertragen, werden Sie auch leichter erkennen, warum Sie gewisse Dinge erleben und was Sie dabei lernen können, weil sich *Ihr* Grundmuster immer wiederholt. Beenden Sie die Meditation auf die übliche Weise, tief atmen, Arme und Beine bewegen und erst dann die Augen öffnen.

Flammenmeditation

Da das Tierkreiszeichen Widder dem Feuerelement zugeordnet wird, ist eine Flamme ein geeignetes Meditationsobjekt. Setzen Sie sich bequem und aufrecht an Ihren Meditationsplatz. Ungefähr einen halben Meter entfernt von Ihnen stellen Sie eine brennende Kerze (wenn Sie einen offenen Kamin besitzen, können Sie die Meditation auch dort durchführen). Beginnen Sie mit einer vorbereitenden Atemübung. Wenn Sie innerlich ruhig geworden sind, fangen Sie an, in die Kerzenflamme zu starren. Betrachten Sie erst einmal das Wesen der Flamme, beobachten Sie ihre Farbe, das Nachoben-Streben, ihr Licht, ihre Wärme; die Flamme braucht Materie, das Weibliche, und Sauerstoff, das Männliche, um zu brennen, ähnlich wie wir

Männliches und Weibliches in uns integrieren müssen, um erleuchtet zu sein.

Setzten Sie das Wesen der Flamme in Beziehung zu Ihrem eigenen Wesen – wo streben Sie nach oben, was brennt in Ihnen, geben Sie Ihrem inneren Feuer genug Materie, das heißt konkrete Verwirklichungsmöglichkeiten...? Verlieren Sie aber bei allen Gedanken und Bildern die Flamme nicht aus den Augen. Starren Sie sie weiter an, bis Sie das Gefühl haben, ganz in sie eingedrungen zu sein. Lassen Sie das Licht der Flamme zu Ihrem inneren Licht werden, das alle dunklen Stellen in Ihnen erhellt. Lassen Sie die reinigende Kraft des Feuers in Ihr Herz, in Ihre Seele eindringen.

Wenn Sie nun lange genug in die Flamme gestarrt haben, schließen Sie die Augen. Sie werden die Flamme weiter mit Ihrem inneren Auge sehen können. Gehen Sie nun mit dieser inneren Flamme auf eine Reise durch Ihren Körper. Beginnen Sie bei den Füßen und wandern langsam hoch durch den ganzen Körper, leuchten alle Innenräume aus, lassen alle Schlacken und Unreinheiten von der Flamme verbrennen. Wenn Sie dann auch in Ihrem Kopf und den verwinkelten Gängen Ihres Gehirns waren, wandern Sie abschließend in Ihr Herz, erleuchten auch dieses und entzünden in ihm symbolisch die Flamme der Liebe. Spüren Sie, wie sich dieses Gefühl ausbreitet, Wärme verströmt und alles in das wundervolle Licht der Liebe taucht. Dieses Gefühl nehmen Sie nach Beendigung der Meditation mit in Ihr Alltagsbewußtsein.

Feuerritual

Als Tierkreiszeichen, das dem Feuerelement zugeordnet ist, entspricht dem Widder auch ein altes
schamanisches Feuerritual. Am schönsten ist es,
wenn man dieses Ritual draußen in der Natur mit
einer Gruppe von Freunden durchführt. Am besten sollte das Ritual von jemandem geleitet werden, der mit schamanischen Ritualen vertraut
ist.*

Das Ritual beginnt mit einer äußeren (Holzsam-
meln, Bereitstellen von Olivenöl und Duftölen)
und einer inneren Vorbereitung (jeder Teilnehmer
meditiert und erforscht dabei sein Gewissen, das
heißt, er befragt seine innere Stimme nach einem
Wesenswunsch, den er erfüllt haben möchte und
nach einer persönlichen Schwäche, die er bereit ist
wegzugeben. Man sucht sich dann in der Natur einen brennbaren Gegenstand, der Wunsch und
Schwäche symbolisiert und in den man sein Anliegen einritzt). Die eigentliche Zeremonie beginnt
dann abends nach Sonnenuntergang. Der Leiter
des Rituals schafft einen heiligen Raum an dem
Platz, an dem das Feuer entzündet wird. Der Ort
muß durch Räuchern geweiht, gereinigt und mit
Kraft aufgeladen werden. Damit auch das Feuer

* Nähere Informationen und Kontaktadressen bezüglich
schamanischer Rituale finden Sie in dem Buch von Lu Lörler: Die Hüter des alten Wissens. Schamanisches Heilen im
Medizinrad. München 1986.

ein heiliges (= heilendes) wird, ruft der Ritualleiter die Kraft des Feuers und die Feuergeister, die Salamander und Faune, und bittet sie, das Feuer freundlich zu stimmen. Alle Teilnehmer, die sich im Kreis um das Feuer aufgestellt haben, sind mit ihren Augen und Sinnen nun ganz auf das Feuer konzentriert. In den Flammen tauchen oft Zeichen und Bilder auf, durch die sich ein Feuerwesen zeigt. Wenn der Leiter des Rituals seine Hände ins Feuer legen kann, ohne daß er sich verbrennt, ist das Feuer endgültig für die Zeremonie bereit. Nun kniet einer nach dem anderen vor dem Feuer, erzählt ihm seinen Wunsch und seine Schwäche und bittet das Feuer um Erfüllung und Verwandlung und legt anschließend das dafür stehende Symbol in die Flammen. An der Reaktion des Feuers beim Verbrennen des Symbols sieht man dessen »Antwort« auf das Anliegen, das man vorgebracht hat. Danach greift man dreimal mit den Händen in die Flammen, schöpft beim ersten Mal Kraft für das erste Chakra, beim zweiten Mal Kraft für das Herzchakra und beim dritten Mal für das geistige Auge. Dabei dankt man dem Feuer.
Wenn jeder im Kreis am Feuer war, wird das Ritual mit einer Dankesgabe an die Feuerwesen (Duftöle, süßer Likör) beendet.

Feuerlauf-Meditation

Bevor wir uns praktischen Schritten zur Durchführung dieser Meditation zuwenden, lohnt es sich, den zeitlichen Rahmen zu betrachten, in dem sie steht. Das Trance-Laufen über glühende Kohlen mit nackten Füßen hat eine lange Tradition, und es gibt auch heute noch einige Orte auf der Welt, wo diese Tradition ungebrochen fortbesteht, etwa in Sri Lanka, in Griechenland und auch in Südamerika. Seine augenblickliche Popularität verdankt es allerdings der sogenannten »New-Age-Bewegung«, die inzwischen sogar schon »Feuerlauflehrer« ausbildet und eine Fülle von Kursen und Seminaren anbietet, wo der Feuerlauf die verschiedensten Funktionen erhält, von der Mutprobe über die Trance-Übung und den Beweis überirdischer Fähigkeiten bis zur Ego-Aufblähung.

Und es funktioniert praktisch immer, ob die Teilnehmer nun in wirklich tiefer Trance sind auf Grund ihrer meditativen Vorübungen oder ob die Angst den einzelnen in einen entsprechenden Trancezustand führt. Nur sehr selten kommt es zu Verbrennungen, die dann im allgemeinen sehr leicht sind. In den vielerorts angebotenen »Feuerlauf-Seminaren« gehen letztendlich praktisch alle Teilnehmer über den Glutteppich, schon weil die Vorbild-Funktion und das Gruppengefühl eine erhebliche Wirkung haben. Die geistige Vorbereitung ist dabei meist dürftig und eher beliebig; sie reicht von einer Woche bis zu einer Stunde. Im wesentlichen versucht der Gruppenleiter, den Teilnehmern Vertrauen zu sich selbst zu vermitteln, betont immer wieder, wie viele Menschen bis jetzt schon, ohne irgendwelchen Schaden zu nehmen, über die Glut gegangen sind. Trotz dieser, sicherlich ernüchternden Beschreibung der Vorbereitung in solchen Gruppen ist es jedoch trotzdem ratsam, die Erfahrung zuerst mit einer Gruppe zu machen, in der mindestens ein Teilnehmer, am besten einige, Erfahrungen mit dem Feuerlauf haben sollten.

Die Vorbereitung besteht im wesentlichen aus Konzentrationsübungen auf die eigene Mitte, das sogenannte Hara-Zentrum, eine Handbreit unter dem Nabel. Während der meist 5–6 zügigen Schritte über den Glutteppich sollte man sich auf dieses Zentrum konzentrieren bzw. sein Bewußtsein hierhin lenken. Außerdem empfiehlt es sich, vor dem ersten Schritt über die Glut tief einzuatmen und mit dem Ausatmen ein »Aum« zu singen oder zu sprechen, während man geht. Unterstützend ist es auch, die Arme im Ellbogen abgewinkelt nach vorn zu strecken mit den Handflächen nach oben und weit über die Glut hinaus, jedenfalls auf keinen Fall in sie hineinzuschauen.

Verschiedenste Vorübungen sind natürlich möglich, variieren aber von Gruppe zu Gruppe sehr stark und werden oft ganz weggelassen. Eine Möglichkeit ist etwa, einige Zeit vor dem Lauf mit geschlossenen Augen zu imaginieren, man ginge über kühles, feuchtes Moos. Manche Gruppenleiter lassen auch vorher einstimmende Lieder singen oder animieren die Teilnehmer, auf Zettel geschrieben, all die Eigenschaften symbolisch dem Feuer zu übergeben, die sie mit diesem Lauf ablegen wollen; was uns bereits in die Nähe eines magischen Rituals bringt.

Trotz all dem wird bei vielen vor dem ersten Schritt eine erhebliche Angst aufsteigen, die allerdings meist die Trance eher verstärkt. Nach dem Überschreiten der Glut verspüren die Teilnehmer eine ungeheure Erleichterung, die in direktem Zusammenhang mit dem Nachlassen der vorher empfundenen Angst stehen dürfte. Auch von schlagartig wachsendem Selbstbewußtsein wird vielfach berichtet, nach dem Motto: »Wenn ich das geschafft habe, dann ist mir nichts mehr unmöglich!«

Die Übung ist als Ganzes, so herausgerissen aus ihrem kulturellen Hintergrund, wie sie bei uns meist angeboten wird, als Meditation kaum zu empfehlen. Trotzdem mag sie für den einzelnen zu einer einmaligen, wichtigen Erfahrung werden, kann sie doch Vertrauen geben zur Tiefe der eigenen Konzentration und Trance.

Zen in der Kunst des Bogenschießens

In der Zen-Kunst des Bogenschießens geht es nicht um die sportliche Betätigung, sondern um eine geistige Übung, die hilft, den Zustand der Versenkung zu erreichen.

Das Schießen mit Pfeil und Bogen ist eine Angelegenheit auf Leben und Tod. Der Pfeil, auf ein Ziel gerichtet, wird zur tödlichen Waffe. Im übertragenen Sinn, in einem meditativen Kontext, steht er für die Auseinandersetzung des Schützen mit sich selbst.

In der Zen-Technik des Bogenschießens findet der Schuß auf einer nichtmateriellen, geistigen Ebene statt. Pfeil und Bogen sind lediglich Hilfsmittel, die in einem späteren Stadium der Bewußtseinserweiterung überflüssig werden. Wie in allen meditativen Bereichen, kommt es auch hier nicht auf das Wie der Meditation an. Letztendlich geht es darum, das kosmische Bewußtsein zu erreichen, das alle technischen Fertigkeiten überflüssig macht. Auf dem Weg dorthin kann die Zen-Kunst des Bogenschießens eine Hilfe sein.

Die Technik muß überschritten werden. An einer bestimmten Stelle auf dem Weg zur letzten Wahrheit erwächst das Können nicht mehr aus dem Bewußtsein, sondern aus dem Unbewußten. Vor dem inneren Auge des Schützen öffnet sich der Kosmos der Einheit. Er wird gewahr, daß beim Bogenschießen Schütze und Ziel nicht mehr zwei entgegengesetzte Pole einer dualen Welt sind, sondern das eine das andere in einem dynamischen Prozeß durchdringt und bedingt. Im Bogenschießen des Zen *wird* der Schütze zum Ziel. Mit jedem Schuß richtet er geistig den Pfeil auf sich selbst. Das kann nur gelingen, wenn dieses Selbst aus den Fesseln des Bewußtseins und des Irdischen befreit ist.

Praktisch handelt es sich bei der Zen-Kunst des Bogenschießens um eine Technik der Bewußtwerdung, inneren Läuterung und spirituellen Entwicklung. Entscheidender Faktor dieser Technik sind Atemübungen. Mit dem Ein- und Ausatmen werden kosmische Energieströme bewußtgemacht, die zu Ruhe und Konzentration verhelfen, ohne die das Bogenschießen von vornherein zum Scheitern verurteilt wäre.

Wem es gelingt, sein Denken und sein Ego zugunsten einer kosmisch-universalen Sicht der Dinge zurückzustellen und damit sein wahres Selbst zu erkennen, der ist zum Zen-Meister geworden; Pfeil und Bogen haben dann ihre Schuldigkeit getan.

Alle Erklärungen zu diesem Komplex müssen abstrakt bleiben. Wir begeben uns hier auf ein Gebiet, in dem der Intellekt nichts mehr auszurichten vermag. Zen in all seinen Spielarten kann nicht beschrieben, sondern muß erfahren werden.*

---

* Wer sich näher dafür interessiert, sollte Eugen Herrigels Buch »Zen in der Kunst des Bogenschießens« lesen.

ANHANG

LITERATURVERZEICHNIS

Meditation allgemein

Bhagwan Shree Rajneesh: ›Meditation‹, München 1981

Bhagwan Shree Rajneesh: ›Das orangene Buch‹, Oregon 1983

Bitter, Wilhelm: ›Östliche Meditation und westliche Psychotherapie‹, Stuttgart 1957

Bitter, Wilhelm: ›Meditation in Religion und Psychotherapie‹, Stuttgart 1973

Bloching, Karl H.: ›Texte moderner Schriftsteller zur Meditation‹, Mainz 1975

Boden, Liselotte M.: ›Meditation und pädagogische Praxis‹, München 1978

Boeckel, Johannes F.: ›Meditationspraxis‹, München 1977

Carrington, Patrizia: ›Das große Buch der Meditation‹, Bern, München, Wien 1982

Das Tibetanische Totenbuch, Freiburg 1977

Dürckheim, Karlfried Graf: ›Der Alltag als Übung‹, Bern 1966

Dürckheim, Karlfried Graf: ›Hara. Die Erdmitte des Menschen‹, Weilheim 1967

Dürckheim, Karlfried Graf: ›Der Ruf nach dem Meister. Der Meister in uns‹, München 1974

Dürckheim, Karlfried Graf: ›Meditationen – wozu und wie‹, Freiburg, Basel, Wien 1983

Dürckheim, Karlfried Graf: ›Zeitloses Wissen. 28 Vorträge über alte Weisheitslehren des Ostens und Westens.‹ Als Kassetten erschienen bei Edition Neptun, München 1986

Enomiya-Lasalle, Hugo M.: ›Meditation als Weg zur Gotteserfahrung‹, Mainz 1980

Gebser, Jean: ›Asien lächelt anders‹, Wien 1968

Govinda, Lama Anagarika: ›Schöpferische Meditation und multidimensionales Bewußtsein‹, Freiburg 1977

Govinda, Lama Anagarika: ›Mandala. Der heilige Kreis. Stufen der Meditation‹, Aigo 1980

Haendler, Otto: ›Meditation als Lebenspraxis‹, Berlin 1977

Kravette, Steve: ›Meditation. Das unbegrenzte Abenteuer‹, München 1983

Leiste, Heinrich: ›Vom Wesen der Meditation‹, Dornach 1973

Mangoldt, Ursula: ›Wege der Meditation heute‹, Weilheim 1970

Mangoldt, Ursula: ›Östliche und westliche Meditationen. Einführung und Abgrenzung‹, München 1977

Melzer, Friso: ›Meditation in Ost und West‹, Stuttgart 1957

Melzer, Friso: ›Anleitung zur Meditation‹, Stuttgart 1959

Melzer, Friso: ›Innerung. Stufen der Meditation‹, Kassel 1968

Melzer, Friso: ›Konzentration, Meditation, Kontemplation‹, Kassel 1977

Naranjo, Claudio/Ornstein, Robert: ›Psychologie der Meditation‹, Frankfurt 1980

Petzold, Hilarion (Hrsg.): ›Psychotherapie – Meditation – Gestalt‹, Paderborn 1983

Reiter, Udo (Hrsg.): ›Meditation – Wege zum Selbst‹, München 1976

Schwäbisch, Lutz/Siems, Martin: ›Selbstentfaltung durch Meditation‹, Reinbek 1983

Thomas, Klaus: ›Meditation in Forschung und Erfahrung, in weltweiter Beobachtung und praktischer Anleitung‹, Stuttgart 1973

Tilmann, Klemens: ›Die Führung der Kinder zur Meditation‹, Würzburg 1961

Tilmann, Klemens: ›Übungsbuch zur Meditation‹, Zürich, Einsiedeln, Köln 1973

Tilmann, Klemens: ›Die Führung zur Meditation‹, Band 1, Zürich, Einsiedeln, Köln 1981

Trungpa, Chögyam: ›Aktive Meditation‹, Olten 1982

Watts, Alan: ›Meditation‹, Basel 1977

Wunderli, Jürg: ›Meditation. Hilfe im Alltag‹, Stuttgart 1973

Zen

Deshimaru-Roshi, Taisen: ›Zen in den Kampfkünsten Japans‹, Berlin 1978

Dürckheim, Karlfried Graf: ›Zen und wir‹, Frankfurt 1974

Enomiya-Lasalle, Hugo M.: ›Zen-Buddhismus‹, Köln 1966

Enomiya-Lasalle, Hugo M.: ›Zen-Meditation für Christen‹, Weilheim 1966

Enomiya-Lasalle, Hugo M.: ›Zen. Weg zur Erleuchtung‹, Wien, Freiburg, Basel 1973

Enomiya-Lasalle, Hugo M.: ›Zen-Meditation. Eine Einführung‹, Einsiedeln 1975

Fromm, Erich/Suzuki, Daisetz T./Martino, Richard de: ›Zen-Buddhismus und Psychoanalyse‹, Frankfurt 1972

Herrigel, Eugen: ›Der Zen-Weg‹, München 1958

Herrigel, Eugen: ›Zen in der Kunst des Bogenschießens‹, München 1983

Herrigel, Gusty L.: ›Zen in der Kunst der Blumenzeremonie‹, Bern, München, Wien 1979

Hoffmann, Yoel: ›Der Ton der einen Hand‹, Bern, München, Wien 1978

Jae Hwa Kwon: ›Zen-Kunst der Selbstverteidigung. Taekwon-do, Karate‹, Bern, München, Wien 1982

Nocquet, André: ›Der Weg des Aiki-do‹, Berlin 1981

Shibayama, Zenkei: ›Zen in Gleichnis und Bild‹, Bern, München, Wien 1974

Suzuki, Daisetz T.: ›Die große Befreiung‹, Zürich 1969

Suzuki, Daisetz T.: ›Erfülltes Leben aus Zen‹, Bern, München, Wien 1973

Yoga

Aundh, Rajah von: ›Das Sonnengebet‹, Kleinjörl 1982

Aurobindo, Sri (Hrsg. O. Wolff): ›Der integrale Yoga‹, Hamburg 1957

Avalon, Arthur: ›Die Schlangenkraft‹, Bern, München, Wien 1975

Harf, Anneliese: ›Yoga-Praxis. Durch Leibbeherrschung zu Meditation‹, Freiburg 1978

Isbert, Otto Albrecht: ›Yoga – Arbeit am Selbst‹, München 1973

Isbert, Otto Albrecht: ›Der volle Yoga‹, Wien, Freiburg, Basel 1976

Patanjali: ›Die Wurzeln des Yoga‹, München 1976

Scheidt, Jürgen vom: ›Yoga für Europäer‹, München 1976

Vivekananda, Swami: ›Jnana-Yoga‹, Band I und II, Freiburg 1973

Vivekananda, Swami: ›Raja-Yoga‹, Freiburg 1983

Vivekananda, Swami: ›Karma-Yoga und Bhakti-Yoga‹, Freiburg 1983

Yesudian, Selvarajan: ›Hatha-Yoga. Übungsbuch‹, München 1971

Yesudian, Selvarajan/Haich, Elisabeth: ›Sport und Yoga‹, München 1972

Yogananda, Paramahansa: ›Autobiographie eines Yogi‹, Freiburg 1975

Christliche Meditation

Massa, Willi (Hrsg.): ›Kontemplative Meditation. Die Wolke des Nichtwissens‹, Mainz 1974

Rosenberg, Alfons: ›Die christliche Bildmeditation‹, München 1975

Tilmann, Klemens/Peinen, Hedwig-Teresia von: ›Die Führung zur Meditation. Christliche Glaubensmeditation‹, Zürich, Einsiedeln, Köln 1978

Walter, Rudolf von: ›Aufrichtige Erzählungen eines russischen Pilgers‹, Freiburg, Basel, Wien 1961

Sufismus/Islam

Gestrein, Heinz: ›Islamische Sufi-Meditation für Christen‹, Wien, Freiburg, Basel 1977

Shah, Idries: ›Die Sufis‹, Düsseldorf, Köln 1982

Shah, Idries: ›Das Geheimnis der Derwische‹, Freiburg 1982

Shah, Idries: ›Die Weisheit der Narren‹, Freiburg, Basel, Wien 1983

Shah, Idries: ›Die Hauptprobe‹, Freiburg, Basel, Wien 1984

Shah, Idries: ›Die fabelhaften Heldentaten des vollendeten Narren und Meisters Mulla Nasrudin‹, Freiburg, Basel, Wien 1984

Tantra

Bhagwan Shree Rajneesh: ›Das Buch der Geheimnisse‹, München 1981

Eliade, Mircea: ›Yoga – Unsterblichkeit und Freiheit‹, Zürich, Stuttgart 1960

Evola, Julius: ›Metaphysik des Sexus‹, Berlin, Wien 1983

Thirleby, Ashley: ›Das Tantra der Liebe‹, Berlin, Wien 1982

Trungpa, Chögyam: ›Tantra im Licht der Wirklichkeit. Wissen und praktische Anwendung‹, Freiburg 1976

Trungpa, Chögyam: ›Feuer trinken, Erde atmen. Die Magie des Tantra‹, Köln 1981

Sonstiges

Argüelles, José und Miriam: ›Das große Mandala-Buch‹, Freiburg 1984

Brunnhuber, Maria: ›Wir meditieren mit Metaphern‹, in: ›Das Thema‹ 12/13, München 1973, S. 15 ff.

Dahlke, Rüdiger: ›Bewußt fasten. Ein Wegweiser zu neuen Erfahrungen‹, Waakirchen 1980

Dahlke, Rüdiger: ›Mandalas der Welt. Ein Meditations- und Malbuch.‹ München 1985

Dahlke, Rüdiger: ›Mandala-Malblock‹ München 1985

Dethlefsen, Thorwald: ›Schicksal als Chance. Das Urwissen zur Vollkommenheit des Menschen‹, München 1984

Dethlefsen, Thorwald/Dahlke, Rüdiger: ›Krankheit als Weg. Deutung und Be-deutung der Krankheitsbilder‹, München 1983

Easwaram, Eknath: ›Mantram. Hilfe durch die Kraft des Wortes‹, Freiburg 1982

Griesbeck, Robert und Orzechowski, Peter: ›Die Kraft der Rätsel. Weisheitsspiele der Welt‹ München 1986

Hamel, Peter M.: ›Durch Musik zum Selbst‹, Bern, München, Wien 1976

Krishna, Pandit-Gopi: ›Kundalini – Erweckung der geistigen Kraft im Menschen‹, Weilheim 1968

Lörler, Lu: ›Die Hüter des alten Wissens. Schamanisches Heilen im Medizinrad.‹ München 1986

Martini, Guido: ›Malen als Erfahrung‹, Stuttgart, München 1977

Maslow, Abraham: ›Psychologie des Seins‹, München 1978

Pahnke, Walter: ›Drogen und Mystik‹, in: Josuttis, Manfred/Leuner, Hanscarl: ›Religion und die Droge‹, Stuttgart 1972

Scheidt, Jürgen vom: ›Schreiben als Selbsterfahrung, Psychotherapie und Meditation‹, München 1983

Villasenor, David: ›Mandalas im Sand.‹ Haldenwang 1981

MEDITATIONSTEXTE

Bauer, Erich: ›Tarot. Quelle therapeutischer Wandlung‹, München 1984

Buber, Martin: ›Die Erzählungen der Chassidim‹, Zürich 1949

Gibran, Kahlil: ›Das Reich der Ideen. Aphorismen und Gedanken‹, Freiburg/Olten 1983

Gibran, Kahlil: ›Der Prophet‹. Freiburg/Olten 1984

I Ging: ›Das Buch der Wandlungen‹. Hrsg. Wilhelm, Richard, Düsseldorf, Köln 1978

Lao-Tse: ›Tao Te King‹, Stuttgart 1979

Leuenberger, Hans Dieter: ›Schule des Tarot‹ 3 Bände, Freiburg

Müller, Else: ›Du spürst unter deinen Füßen das Gras. Autogenes Training in Fantasie- und Märchenreisen‹, Frankfurt 1983

Nichols, Sally: ›Die Psychologie des Tarot‹, Interlaken 1984

Poppe, Tom (Hrsg.): ›Schlüssel zum Schloß‹. (Sufitexte) München 1986

Silesius, Angelus: ›Der Himmel ist in dir‹, Zürich, Einsiedeln, Köln 1982

Außerdem: Die Bibel, Koran, alle heiligen Schriften, die Bhagavadgita und die Sufi-Erzählungen (siehe Sufitum)...

ASTROLOGIE

Arroyo, Stephen: ›Astrologie, Psychologie und die vier Elemente‹, München 1982

Dahlke, Rüdiger und Klein, Nicolaus: ›Das senkrechte Weltbild. Symbolisches Denken in astrologischen Urprinzipien‹, München 1986

Greene, Liz: ›Schicksal und Astrologie‹, München 1985

Roscher, Michael: ›Der Mond. Astrologisch-psychologische Entwicklungszyklen‹, München 1986

Rudhyar, Dane: ›Astrologischer Tierkreis und Bewußtsein. Eine Interpretation der 360 Tierkreisgrade‹, München 1984

Rudhyar, Dane: ›Astrologie der Persönlichkeit‹, München 1979

Rudhyar, Dane: ›Die astrologischen Zeichen‹, München 1983

Schult, Arthur: ›Astrosophie. Lehre der klassischen Astrologie‹, 2 Bände, Bietigheim 1971

Sicuteri, Roberto: ›Astrologie und Mythos‹, Freiburg 1983

Szabó, Zoltan: ›Astrologie der Wandlung. Der Weg zur Gralsburg im Horoskop‹, München 1985

MEDITATIONSMUSIK

Between: ›Dharana‹, Wergo
Deuter, Georg: ›Aum‹
Deuter, Georg: ›Cicada‹
Deuter, Georg: ›Ecstasy‹
Deuter, Georg: ›Celebration‹
Deuter, Georg: ›Haleakala‹
(alle *Deuter*-Titel: ERP Musikverlag, München)
Fricke, Florian: ›Die Erde und ich sind eins‹, ›Sei still, wisse
ich bin‹, Autobahn-Musikverlag
Halpern, Steven: ›Zodiac Suite‹
Hamel, P. M.: ›Contemplation‹ (mit Between), Wergo
Hamel, P. M.: ›Nada‹, Wergo
Horn, Paul: ›Inside‹
Kitaro: ›Ki‹
New Age: ›Transformation‹
New Age: ›Transmission‹
Popul Vuh: ›Gardens of Pharao, Aguirre‹
Popul Vuh: ›Tantric Songs‹
Popul Vuh: ›Hosianna Mantra‹
Schoener, Eberhard: ›Meditation‹
Scott, T.: ›Music for Zen-Meditation‹
Tangerine Dream: ›Force Majeure‹, Virgin Records
›The Tibetan Book of Death‹ (2 Kassetten)
Winston, George: ›Autumn. Piano Solos‹
Winston, George: ›Winter into Spring. Solo Piano‹
Winston, George: ›December‹
(alle *Winston*-Titel: Windham Hill Records)
Carls/Zöbelin: ›Albatros‹*
Carls/Zöbelin: ›Nature Symphony‹*
Dahlke, Rüdiger: ›Auf den Schwingen der Töne…‹*
Darquoy, Roland: ›Celtic Piano‹*

Hamido: ›Songs of my Heart‹*
Hamido: ›Wings of Love‹*
König, Christian und Florian: ›Aurora‹*
Ryan, Robert: ›The Gardens of Isfahan‹*
Schmid, Wolfgang: ›Missa Brevis‹*
Schmid, Wolfgang: ›Soundpictures‹*
Trüstedt, Wolf-Dieter: ›Windharfe‹*
Veetman, Ulrich: ›Island‹*
(alle * Edition Neptun, München)

Meditationsmusik
zu Bhagwan-Meditationen

Deuter, Georg: ›Gourishankar – Mandala‹
Deuter, Georg: ›Kundalini – Nadabrahma‹
Deuter, Georg: ›Dynamic – Kundalini‹
Deuter, Georg: ›Nataraj – Nadabrahma‹
Deuter, Georg: ›Mandala – Whirling‹
Deuter, Georg: ›Gourishankar – Prayer – Devavani‹

MEDITATIONSKASSETTEN

Dahlke, Rüdiger: ›Luft/Wasser/Feuer/Erde‹
Dahlke, Rüdiger: ›Atemmandala – Farbmandala‹
Dahlke, Rüdiger: ›Tempel der Selbstverwirklichung‹
Dahlke, Rüdiger: ›Traumreisen...‹
Dahlke, Rüdiger: ›Welt der Elementewesen‹
Dahlke, Rüdiger: ›Schwingkreis – Klangkörper‹
Dahlke, Rüdiger: ›Durch die Schleier der Zeit‹
Dahlke, Rüdiger: ›Heilung – Meditation zur Selbstheilung‹
Dahlke, Rüdiger: ›Ich bin mein Lieblingstier‹
Dahlke, Rüdiger: ›Märchenland‹
(Erschienen bei Edition Neptun, München)
Dethlefsen, Thorwald: ›Meditationen‹
Dethlefsen, Thorwald: ›Körper- und Chakrenmeditation‹
(alle Dethlefsen-Kassetten über Hermetische Truhe, München)
Klein, Nicolaus: ›Der Tierkreis‹
Klein, Nicolaus: ›Die Elemente‹
(Erschienen bei Edition Neptun, München)
Leuenberger, Hans Dieter: ›Tarot-Meditation‹, 3 Kassetten mit Anleitungsbroschüre

Knaur ®

Altman, Nathaniel
Die Praxis des Handlesens
Ein Ratgeber zur psychologischen
Handanalyse
Ein praktischer Lehrgang in der Kunst, aus
Handlinien, Handformen und anderen individuellen Handmerkmalen Rückschlüsse
auf Charakter und Schicksal zu ziehen. Dieses Buch zeichnet sich vor allem auch
durch seine zahlreichen Abbildungen aus,
die das Beschriebene veranschaulichen
und handbar machen.
240 S. mit s/w-Abb. [4166]

Cobbaert, Anne-Marie
Graphologie
Schriften erkennen und deuten – mit 274
Schriftproben im laufenden Text. Die Grapho-
logie – auch Schrift-Psychologie genannt –
wird hier auch für den Laien verständlich dar-
gestellt. 287 S. [4102]

Laubach, Arthur
Der Weg des Geistes
Mit klarer Sprache und bestechender Logik
führt Arthur Laubach den Leser über die
Gesetzmäßigkeiten der Materie zu denen des
Geistes. Eine brillante Einführung in esote-
risches Denken.
Ca. 256 S. mit s/w-Abb. [4169]

Mangoldt, Ursula von
Schicksal in der Hand
Diagnosen und Prognosen
Die Deutung der Anlagen und Möglichkeiten,
wie sie in den Signaturen beider Hände sicht-
bar werden, sind die Schwerpunkte dieses
Buches. An rund siebzig abgebildeten Händen
zeigt die Autorin die Vielfalt der charakter-
lichen Tendenzen, die zusammen schicksals-
bestimmend sind.
256 S. mit 72 Abb. [4104]

Hunt, Diana
Partner unter guten Sternen
Eine astro-psycho-logische Partnerkunde.
224 S. [7611]

Sakoian, Frances / Acker, Louis S.
Das große Lehrbuch der Astrologie
Wie man Horoskope stellt und nach neuesten
wissenschaftlichen Erkenntnissen Charakter und Schicksal deutet. 551 S. mit zahlreichen
Zeichnungen. Dieses große Lehrbuch der
Astrologie ist das bislang umfassendste Werk
zur exakten Deutung des individuellen
Horoskops. Ein idealer Einstieg für Anfänger
und ein Nachschlagewerk für Fortgeschrittene. [7607]

Sasportas, Howard
Astrologische Häuser
und Aszendenten
Neben dem Tierkreiszeichen-System ist das
Häuser-/Aszendenten-System die zweite,
überaus bedeutsame Quelle astrologischer
Interpretationsmöglichkeit. Seltsamerweise
gibt es hierzu kein einziges, für die Deutungs-
praxis brauchbares Buch. Das vorliegende
Werk schließt diese Lücke.
624 S. mit s/w-Abb. [4165]

Koechlin de Bizemont, Dorothée
Karma-Astrologie
Das Horoskop als Spiegel vergangener
Leben. Die Karma-Astrologie setzt dort ein,
wo die normale Astrologie aufhört: bei
jenen Leben, die vor dem jetzigen liegen.
368 S. mit zahlreichen Abb. [4131]

Lau, Theodora
Das große Buch der chinesischen
Astrologie
Wie der Mond Charakter und Schicksal
in den verschiedenen Tierkreiszeichen prägt.
384 S. mit 4 s/w-Abb. [4112]

Dee, Nerys
Schicksalsdeutung aus den Karten
Kartenlegen kann Lebenshilfe im besten
Sinne des Wortes bieten. Nerys Dee be-
schreibt die gebräuchlichsten Legesysteme.
Alle Karten werden einzeln in aller Ausführ-
lichkeit gedeutet. 192 S. mit zahlreichen
Abb. [4137]

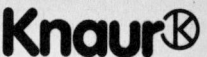
Knaur®

Boyd, Doug
Swami Rama
Erfahrungen mit den heiligen Männern
Indiens

Doug Boyd stellt hier das östliche Pendent
vor. Swami Rama, in Indien aufgewachsen,
ist eine Persönlichkeit, für den Wunder all-
täglich sind. In den USA experimentiert er mit
quantitativen Untersuchungsmethoden
über höhere Bewußtseinszustände.
320 S. [4140]

Rolling Thunder
Erfahrungen mit einem Schamanen der
neuen Indianerbewegung. Rolling Thunder
ist einer der wenigen, die noch über das
traditionelle schamanistische Wissen verfügen und es auch vermitteln können. Seine
Unterweisungen wurden von Doug Boyd
aufgezeichnet und berücksichtigen unsere
Verständnisebene. 288 S. [4142]

Dowman, Keith
Der heilige Narr
Das liederliche Leben und die lästerlichen
Gesänge des tantrischen Meisters Drugpa
Künleg. 224 S. mit 1 Karte [4122]

Der Eingeweihte
Eindrücke von einer großen Seele.

Der Autor berichtet von einem »Eingeweihten«, der sein Leben entscheidend
beeinflußte, ohne aber jemals seine
Entscheidungsfreiheit einzuschränken.
256 S. [4133]

Der Eingeweihte Band 2
Eindrücke von einer großen Seele/
von seinem Schüler

Der zweite und abschließende Band des
»Eingeweihten« umfaßt die Bände II und III
der englischen Originalausgabe.
352 S. [4163]

Sugrue, Thomas
Edgar Cayce
Die Geschichte eines schicksalhaften
Lebens. Diese einzige autorisierte Cayce-Bio-
graphie fand bei der Kritik große Beachtung.
448 S. [4107]

Monroe, Robert A.
Der Mann mit den zwei Leben
Reisen außerhalb des Körpers

Dieser sensationelle Bericht beruht auf
12jähriger Beobachtungszeit, in der der Autor
über 500mal seinen Körper verließ. Monroe
lernte diesen Zustand zu beherrschen, und tritt
damit den Beweis, daß der Mensch nicht
nur einen physischen Körper besitzt, sondern
sich unter besonderen Umständen und unter
Anwendung gezielter Techniken sogar von
diesem trennen kann. 288 S. [4150]

Stearn, Jess
Der schlafende Prophet
Prophzeiungen in Trance (1911–1998).
Der sensationelle Tatsachenbericht über das
Leben, Denken und Forschen des bedeu-
tendsten Mystikers und Propheten der Gegen-
wart. 304 S. [4124]

Wilson, Colin
Gurdjieff – Der Kampf
gegen den Schlaf
Georg Iwanowitsch Gurdjieff (1865–1949)
ist eine der geheimnisumwittertsten Persön-
lichkeiten des Jahrhunderts. Colin Wilson
ist seiner Philosophie und seinem Einfluß auf
andere Menschen nachgegangen. Sein
Buch ist eine brillante Einführung in Leben
und Werk dieses Psychologen-Magiers
des 20. Jahrhunderts. 176 S. [4162]

Nach dem Tode
Aussagen, Zeugnisse, Beweise

Colin Wilson gelingt es, den Leser von der
ersten bis zur letzten Zeile zu fesseln. In seiner Beweisführung für ein Leben nach
dem Tode baut er zahlreiche, bislang kaum
bekannte Dokumente ein, die uns vertraut
machen mit möglichen jenseitigen Realitäten
und uns so die Angst vor dem Tode nehmen.
384 S. [4167]

Brunton, Paul
Von Yogis, Magiern und Fakiren
Begegnungen in Indien

Der amerikanische Journalist Paul Brunton bereiste in den dreißiger Jahren Indien. Seine Erlebnisse eröffnen das ganze Spektrum indischer Spiritualität.
368 S. und 12 S. Tafeln. [4113]

Ram Dass
Reise des Erwachens
Ein Handbuch zur Meditation

Ram Dass nimmt uns mit auf eine Reise, die »Reise des Erwachens«, und er eröffnet uns dabei ein vielfältiges Angebot, aus dem wir wählen können: Mantra, Gebet, Singen, Visualisierung, »Sitzen«, Tanzen u. a. Er ermöglicht uns somit einen Zugang zum spirituellen Pfad. 256 S. [4147]

Schrot für die Mühle
»Ich bin das Sprachrohr eines Prozesses. Wenn du dieses Buch liest, dann berührst du dein Selbst. Vergiß mich, ich bin eine vergängliche Erscheinung. Du berührst dich selbst.« 200 S. [4117]   Ram Dass

Rawson, Philip
Tantra
Der indische Kult der Ekstase. Diese Methode, die zur inneren Erleuchtung führt, erobert heute in zunehmendem Maße die westliche Welt.
192 S. mit 198 z. T. farb. Abb. [3663]

Rawson, Philip/Legeza, Laszlo
Tao
Die Philosophie von Sein und Werden. Mit ungewöhnlicher Eindringlichkeit und großer Sachkenntnis erschließt sich hier den westlichen Menschen die Vorstellungswelt des chinesischen Volkes.
192 S. mit 202 Abb. [3673]

Musashi, Miyamoto
Das Buch der fünf Ringe
»Das Buch der fünf Ringe« ist längst eine klassische Anleitung zur Strategie – ein exzellentes Destillat der fernöstlichen Philosophien. Es kann auch ihr Leben verändern! 144 S. [4129]

Cerminara, Gina Dr.
Erregende Zeugnisse von Karma und Wiedergeburt
Der »Schlafende Prophet«, Edgar Cayce, wird allgemein als das bedeutendste Medium der Neuzeit betrachtet. In selbstinduzierten hypnotischen Schlaf versetzt, war er in der Lage, praktisch alle nur denkbaren Fragen zu beantworten. 288 S. [4111]

Rajneesh, Bhagwan Shree
Komm und folge mir
Bhagwan spricht über Jesus. Seine Gedanken über das Leben und die Lehren Jesu enthalten Dimensionen, wie wir sie weder von der Kirche noch von westlichen Denkern kennen.
360 S. mit zahlreichen z. T. farb. Abb. [4120]

Swami Muktananda
Der Weg und sein Ziel
Ein Handbuch für die spirituelle Reise
Ein großer spritiueller Meister schildert die unterschiedlichen Ebenen dieser Reise. Zusammen bilden die verschiedenen Kapitel einen Plan zur Entwicklung der Selbsterkenntnis und sind eine Einführung in die Lehren eines weltweit geachteten Meditations-Lehrers. 224 S. [4148]

Passian, Rudolf
Wiedergeburt
Ein Leben oder viele?

Die Lehre von der Reinkarnation gehört zum ältesten Glaubensgut der Menschheit. Platon und Pythagoras waren davon ebenso überzeugt wie Paracelsus, Schiller oder Goethe. Der Autor hat in diesem Buch einen kompletten Überblick zum Thema »Wiedergeburt« erarbeitet. 240 S. [4154]

Tietze, Henry G.
Imagination und Symboldeutung
Wie innere Bilder heilen und vorbeugen helfen. Das Standardwerk über Imaginationsverfahren. Ein Arbeits- und Nachschlagebuch für Laien und Fachleute. 352 S. [4136]

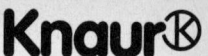

Knaur

Szabó, Zoltán
Buch der Runen
Das westliche Orakel

Das Buch ist eine geniale Synthese zwischen Theorie und Praxis. Es enthält eine ausführliche Anleitung für die Orakel-Praxis und erklärt die besondere Bedeutung der Runen und der germanischen Götter als lebendige Symbole. Zusammen mit einem Satz von 18 Runensteinen in Klarsichtkassette. 256 S. [4146]

Sills-Fuchs, Martha
Wiederkehr der Kelten

Martha Sills-Fuchs ist den Spuren der Kelten nachgegangen und hat verschollen geglaubte Bräuche, Riten und Lehren wieder zutage gefördert. 176 S. [4143]

Pollack, Rachel
Tarot – 78 Stufen der Weisheit

Tarot kann Lebenshilfe, Entscheidungshilfe, Wegweiser durch schwierige Situationen und Schlüssel zur Selbstfindung sein – wenn wir verstehen, die Geheimnisse seiner Bilder und Symbole zu dechiffrieren.
400 S. mit 100 Abb. [4132]

Das Tarot-Übungsbuch

Während das überaus erfolgreiche erste Buch der Autorin, »Tarot«, eine Einführung darstellt, setzt dieses Buch gewisse Grundkenntnisse voraus. Die hier geschilderten markanten Beispiele werden dem Leser zahlreiche Anregungen für die eigene Tarot-Praxis vermitteln.
Ca. 240 S. mit s/w-Abb. [4168]

Shah, Idries
Wege des Lernens

Die spirituelle Psychologie der Sufis. Lange bevor sich westliche Psychologie mit Bewußtsein und Lernfähigkeit auseinandersetzte, waren dies wichtige Themen der spirituellen Psychologie der Sufis. Idries Shah ist seit vielen Jahren der bekannteste Vertreter des Sufi-Gedankenguts im Westen.
336 S. [4144]

Andreas, Peter / Davies, Rose Lloyd
Das verheimlichte Wissen

Tempelgeheimnisse, verschollene Evangelien und das unbekannte Leben Jesu.
Auf Fragen, die während der letzten 2000 Jahre vergessen, verheimlicht oder unterdrückt wurden, geben die Autoren mit neuen Indizien Antwort.
240 S., 33 s/w-Abb. [4152]

Arnold, Paul
Das Totenbuch der Maya

Der Kreislauf von Leben und Tod aus der Sicht der Maya. Eines der großen Weisheitsbücher, das auf dem Weg kulturhistorischer Zusammenhänge tiefe Einblicke in uralte Jenseitsvorstellungen eröffnet.
256 S. mit 8 Abb. [4121]

Blumrich, J. F.
Kásskara und die sieben Welten

Die Geschichte der Menschheit in der Überlieferung der Hopi-Indianer. J. F. Blumrich, einer der führenden Wissenschaftler bei der NASA, ist den sehr detaillierten Angaben dieses Mythos auf den Grund gegangen und kommt zu einer wissenschaftlich fundierten Geschichte der Menschheit.
400 S. mit 24 Abb. [4135]

Brugger, Karl
Die Chronik von Akakor

Erzählt von Tatunca Nara, dem Häuptling der Ugha Mongulala. Der Journalist und Südamerika-Experte Karl Brugger hat einen mündlich mübermittelten Bericht aufgezeichnet, der ihm nach anfänglicher Skepsis absolut authentisch erschien: die Chronik von Akakor. 272 S., Abb. [4161]

Kersten, Holger
Jesus lebte in Indien

In fünfjähriger Detektivarbeit verfolgte der Theologe Holger Kersten die Spuren Jesu und kommt zu sensationellen Schlüssen über das wahre Leben und Wirken Jesu.
216 S., 41 Abb. [3712]

Knaur®

MARGIT SEITZ

MEDITATIONEN FÜR DEN STIER

WIE SIE IHRE PERSÖNLICHE
MEDITATIONS-
METHODE FINDEN KÖNNEN

TB 7716

MARGIT SEITZ

MEDITATIONEN FÜR DEN ZWILLING

WIE SIE IHRE PERSÖNLICHE
MEDITATIONS-
METHODE FINDEN KÖNNEN

TB 7715

MARGIT SEITZ

MEDITATIONEN FÜR DEN KREBS

WIE SIE IHRE PERSÖNLICHE
MEDITATIONS-
METHODE FINDEN KÖNNEN

TB 7714

MARGIT SEITZ

MEDITATIONEN FÜR DEN LÖWEN

WIE SIE IHRE PERSÖNLICHE
MEDITATIONS-
METHODE FINDEN KÖNNEN

TB 7713

MARGIT SEITZ

MEDITATIONEN FÜR DIE JUNGFRAU

WIE SIE IHRE PERSÖNLICHE
MEDITATIONS-
METHODE FINDEN KÖNNEN

TB 7712

MARGIT SEITZ

MEDITATIONEN FÜR DIE WAAGE

WIE SIE IHRE PERSÖNLICHE
MEDITATIONS-
METHODE FINDEN KÖNNEN

TB 7711

Knaur

MARGIT SEITZ
MEDITATIONEN FÜR DEN SKORPION
WIE SIE IHRE PERSÖNLICHE
MEDITATIONS-
METHODE FINDEN KÖNNEN

MARGIT SEITZ
MEDITATIONEN FÜR DEN WASSERMANN
WIE SIE IHRE PERSÖNLICHE
MEDITATIONS-
METHODE FINDEN KÖNNEN

MARGIT SEITZ
MEDITATIONEN FÜR DEN SCHÜTZEN
WIE SIE IHRE PERSÖNLICHE
MEDITATIONS-
METHODE FINDEN KÖNNEN

MARGIT SEITZ
MEDITATIONEN FÜR DIE FISCHE
WIE SIE IHRE PERSÖNLICHE
MEDITATIONS-
METHODE FINDEN KÖNNEN

MARGIT SEITZ
MEDITATIONEN FÜR DEN STEINBOCK
WIE SIE IHRE PERSÖNLICHE
MEDITATIONS-
METHODE FINDEN KÖNNEN

MARGIT SEITZ
MEDITATIONEN FÜR DEN WIDDER
WIE SIE IHRE PERSÖNLICHE
MEDITATIONS-
METHODE FINDEN KÖNNEN